KB206882

루머

ON RUMOURS
Copyright ⓒ 2009, Cass R. Sunstein All rights reserved.

The Korean edition was published by Previewbooks in 2009 by arrangement with the Author through Milkwood Copyright Agency,Seoul.

이 책의 한국어판 저작권은 밀크우드 에이전시를 통해 저작권사와 독점 계약한 도서출판 프리뷰가 소유합니다. 저작권법에 의해 보호받는 저작물이므로 무단전재와 복제를 금합니다.

루머

On Rumours

프리뷰

옮긴이 이기동은 서울신문에서 모스크바 특파원과 국제부장, 논설위원을 지냈다. 국제전문기자로 수십 개국을 순회취재했으며 지금은 대학 강의와 집필, 번역 활동에 전념하고 있다.

루머

초판 1쇄 인쇄 | 2009년 12월 1일
초판 1쇄 발행 | 2009년 12월 7일

지은이 | 캐스 선스타인
옮긴이 | 이기동
펴낸이 | 이기동
편집주간 | 권기숙
홍보 | 노효성
마케팅 | 이동호 유민호
주소 | 서울시 성동구 성수1가 1동 656-410 홍성빌딩 4F
이메일 | icare@previewbooks.co.kr
홈페이지 | http://www.previewbooks.co.kr

전화 | 02)3409-4210
팩스 | 02)3409-4201
등록번호 | 제206-93-29887호

교열 | 오명숙
편집디자인 | 에테르
인쇄 | 상지사

ISBN 978-89-962763-3-3 03300

잘못된 책은 구입하신 서점에서 바꿔 드립니다.
책값은 뒤표지에 있습니다.

"모든 루머에는
그것을 믿고 따르는 사람들이 있다."

-고든 올퍼트와 레오 포스트먼
'루머의 심리학' (The Psychology of Rumor)

On Rumours

C A S S R . S U N S T E I N

차례

무엇이 문제인가

루머의 역사는 거의 인간의 역사만큼 길다. 하지만 인터넷의 등장과 함께 루머는 이제 언제 어디로든 순식간에 퍼져나가는 무서운 존재가 되었다. 사실 우리는 지금 루머에 파묻혀 산다. 거짓 루머는 특히 문제다. 거짓 루머는 개인과 조직에 큰 피해를 입히고, 사람들은 거짓이라는 사실이 드러나더라도 그것을 바로잡으려 들지 않는 경우가 많다. 루머는 어떤 사람의 경력을 위험에 처하게 하고, 정책을 망치며, 공직자의 옷을 벗기고, 때로는 민주주의 자체를 위험에 빠뜨리기도 한다.

사람들의 입에 많이 오르내리는 루머는 유명 정치인과 연예인들을 대상으로 삼는 경우가 많다. 그리고 크고 작은 기업들도 루머의 대상이 된다. 세인의 눈에 전혀 주목의 대상이 아닌 사람들도 루머의 대상이 되기는 마찬가지다. 한마디로 우리 모두가 거짓 루머와 악성 루머를 포함한 갖가지 루머의 잠재적인 피해자들이다.

지난 2008년 미국 대통령선거 때는 많은 유권자들이 버락 오바마 후보가 정말로 무슬림인 줄 알았다. 오바마는 미국 태생도 아니고 "테러리스트들과 어울려 친구로 지내는 사람"이라고 생각했다. 어떤 공직자가 아주 고약한 짓을 저질렀다거나 나쁜 신념, 불순한 동기를 갖고 있으며, 혹은 사생활이 문란하다는 식의 루머는 순식간에 사람들 사이에 퍼져나간다. 공직자뿐 아니라 보통 사람도 사회적으로 이름이 알려진 공인인 경우는 마찬가지다. 루머는 경제에도 해를 끼친다. 어떤 기업이 파산할 것이라는 루머가 돌면 주주들은 겁을 먹고 주식을 내다 팔게 된다. 루머 때문에 해당 기업은 실제로 큰 피해를 입게 되는 것이다.

근거 없는 루머는 주식시장 전체에 영향을 미친다. 따라서 미국증권거래위원회Securities and Exchange Commission가 거짓 루머가 미치는 해로운 영향을 예의 주시하는 것은 전혀 놀랄 일이 아니다. 뉴욕이 금융기관의 재정상태에 관한 거짓 루머 유포를 범죄행위로 간주하는 것도 이런 이유에서다.

인터넷 시대에는 상대가 누가 되었건 가리지 않고 손쉽게 루머를 퍼뜨릴 수 있게 되었다. 고등학생, 세일즈맨, 교수, 은행원, 기업인, 보험중개인, 부동산중개인 가릴 것 없이 거의 모든 사람이 루머 때문에 고통을 당하고 피해를 입으며 더 나아가 참담한 결과를 초래하는 거짓 주장의 피해자가 될 수 있다. 어떤 대상의 비행을 고발하는 내용의 글이 인터넷에 올라오면 구글에서 관련 검색어를 검색하는 사람들은 모두 즉각 그러한 내용을 알게 된다. 글의 내용을 읽어 보면 어떤 사람을 가리키는 것인지도 알 수 있다(심지어 위키피디어 검색에서 알려지는 경우도 있을 것이다). 개인뿐 아니라 단체도 루머의 대상이 된다. 미중앙정보국CIA, 제너럴모터스, 뱅크오브아메리카, 보이스카우트, 가톨릭교회 등 어떤 단체건 가리지 않는다. 인터넷에 올라온 정보는 상당히 수명이 길다. 어떤 특별한 목적이 있는 경우에는 영구적으로 올려놓기도 한다. 그렇기 때문에 거짓 루머는 지속적인 영향력을 가질 수 있다.

이 책은 두 가지 목적을 갖고 쓰여졌다. 첫째는 다음과 같은 물음에 대한 답을 내놓기 위해서다. 왜 사람들은 거짓 루머와 파괴적인 루머, 심지어 말도 안 되게 황당한 루머를 받아들이는 것일까? 어떤 국가나 단체에서는 터무니없는 내용으로 치부해 버리는 루머를 왜 다른 어떤 국가와 단체에서는 사실로 받아들이는 걸까? 두번째 목적은 다음과 같은 질문에 대한 답을 내놓기 위해서다. 그렇다면 이러한 거짓 루머의 악영향에 맞서서 우리 자신을 지키기 위해서는 어떻게 할 것인가? 앞으로 설명하겠지만 이러한 물음에 대한 답의 일부는 파괴적인 거짓 루머를 유포하는 자들에 대한 '위축효과' chilling effect가 아주 탁월한 해답이 될 수 있다는 점을 제대로 아는 것이다.

앞으로 보게 되겠지만 사람들은 루머를 믿을 때 나름대로 철저히 합리적인 사고를 통해 그렇게 믿는 경우가 많다. 이때 합리적이라고 하는 말은, 기존에 갖고 있는 정보를 감안할 때 그렇게 믿는 것이 매우 합리적인 판단의 결과라는 말이다. 대부분의 경우 우리는 자신이 내리는 판단의 바탕이 되는 사실에 대해 직접적이건 간접적이건 충분한 지식을 갖고 있지 못하다. 지구가 평평하지 않다는 사실을 우리가 어떻게 직접 알겠는가? 셰익스피어가 실존 인물이라는 것은 또 어떻게 알고? 물질이 원자로 구성되어 있다는 사실은 또 어떻게 알겠는가? 홀로코스트는 실제로 일어난 일인가? 리 하비 오스왈드가 케네디 대통령을 암살한 것은? 우리가 알고 있는 지식은 기껏해야 다른 사람, 다른 나라, 다른 문화, 다른 종교에 대해 간접적으로 접한 지식에 불과하다. 어떤 기업이 심각한 어려움에 처해 있다거나, 어떤 공직자가 뇌물을 받았고, 어떤 영향력 있는 여류 명사가 끔찍한 비밀을 숨기고 있고 수치스러운 과거를 갖고 있다는 사실도 일반 사람들은 직접 알 방법이 없다. 직접적인 지식이 없기 때문에 우리는 '아니 땐 굴뚝에 연기가 날까' 하는 식으로 유추해서 생각하기가 쉽다. 어느 정도 사실이니 그 같은 소문이 났겠지 하는 생각도 한다. 루머가 차라리 실제 현실보다 더 나은 경우도 물론 있을 것이다. 그렇기 때문에 국가나 기업을 과거에 좋지 않은 언행을 했다는 소문이 있는 사람의 손에 맡길 때는 반드시 신중을 기해야 한다. 그런데 인터넷을 이용해 정보를 습득하면서 이런 식으로 생각한다면 큰 문제가 될 수 있다. 왜냐하면 거짓 루머가 넘쳐 나는 곳이 바로 인터넷이기 때문이다.

무엇을 루머라고 하는지에 대해서는 확정된 정의가 내려진 게 없고, 여기서 루머의 정의를 본격적으로 내리려고 하지도 않겠다. 논의를 본격적으로 시작하기 위해 일단 루머의 정의가 만족스럽지 않다는 점은 인정하고 넘어가기로 한다. 루머는 일단 사람과 집단, 사건, 단체와 관련해 진실이라고 입증되지 않은 사실을 주장하는 것을 말한다. 하지만 그 주장은 사람에서 사람으로 옮겨가면서 신뢰를 얻는데, 사실임을 뒷받침해 주는 직접적인 증거가 제시되어서가 아니라, 다른 사람들이 그것을 사실이라고 믿는 것 같아 보이기 때문에 그렇게 되는 것이다. 따라서 루머는 그것을 믿고 받아들이는 사람들이 갖고 있는 기존의 믿음에 부합되고, 그 믿음을 뒷받침해 줌으로써 만들어지고 또한 힘을 얻는 경우가 많다. 특정 루머가 자신들의 이익과 합치되고, 자신들이 사실이라고 믿는 내용과 들어맞기 때문에 이를 쉽게 받아들이는 경향을 보이는 집단과 개인들도 있다. 2008년에 많은 미국인들은 세라 페일린 주지사가 아프리카라는 단어를 대륙 명칭이 아니라 국가 이름으로 알고 있다고 생각했다. 말도 안 되는 오해지만 그 사람들은 페일린 주지사가 그런 여자라고 간주하고 있었기 때문에 능히 그럴 수 있다고 생각한 것이다. 그런가 하면 말도 안 되는 소리라며 그럴 가능성을 일축한 사람들도 있었다. 한 가지 내용의 정보를 놓고 사람들이 전혀 다른 믿음 체계를 드러내 보인 것이다.

많은 사람들은 자신이 갖고 있는 두려움이나 희망 때문에 거짓 루머를 받아들인다. 우리는 알카에다를 두려워하기 때문에 우리가 사는 곳 가까이에서 알카에다 요원들이 공격 음모를 꾸미고 있다는 루머를 믿는 경향을 보인다. 좋아하는 기업이 번창하기를 바라는 마음을 갖고 있기 때문에 우리는 그 기업이 내놓은 신상품이 반드시 성공을 거둘 것이며, 기업 전망도 계속 좋아질 것이라는 루머를 믿는다. 전쟁을 하는 경우 어느 한 쪽이 갖는 두려움은, 말할 것도 없이 상대 쪽에게는 희망이 된다. 그러나 전쟁이 아니더라도 서로 경쟁 관계에 놓인 집단끼리는 어느 한 쪽의 두려움이 어김없이 다른 쪽의 희망이 된다. 루머는 어떤 사람들에게는 두려움을 부추기고, 어떤 사람들에게는 두려움을 덜어 주기 때문에 하나의 루머를 놓고 사람들이 전혀 다른 반응을 보이는 것은 불가피한 일이다. 캐나다와 프랑스에서 전혀 반향이 없는 루머를 이라크 국민들은 받아들일 수가 있다. 유타 주에 사는 주민들은 매사추세츠 주에서 전혀 얼토당토않게 생각하는 루머를 사실로 받아들일 수 있다. 민주당원들이 조롱거리로 생각하는 루머를 공화당원들은 사실이라고 받아들인다. 인터넷은 사람들을 '정보의 누에고치' 혹은 자신들의 손으로 직접 만든 반향실 속에 들어가 살도록 만들었다. 그렇기 때문에 커뮤니티에 따라 서로 다른 루머들이 자리를 잡게 되는 것이다.

많은 루머들이 음모이론을 전파한다.[1] 다음의 루머들을 한번 생각해 보자. CIA가 존 F. 케네디 대통령 암살에 책임이 있다. 에이즈 바이러스는 의사들이 고의적으로 유포했다. 1996년에 일어난 TWA 800편기 추락사고는 미군이 발사한 미사일에 의해 격추되었다. 지구온난화는 누군가에 의해 의도적으로 조작된 사기극이다. 세계경제의 중요한 움직임을 조종하는 배후에는 프리메이슨의 삼변회 Trilateral Commission가 있다. 그리고 마틴 루터 킹 주니어 목사는 미국 연방기구 요원의 손에 암살당했다. 미국 민주당 폴 웰스톤 상원의원을 사망케 한 비행기 추락사고는 공화당 정치인들이 사주한 것이다. 인간의 달 착륙 사진은 연출된 것이며, 실제로 달 착륙은 성사된 적이 없다. 여러 건의 대통령 암살 사건과 아시아금융위기의 배후에는 로스차일드를 비롯한 유대인 금융업자들의 음모가 도사리고 있다. 대공황은 부자들이 노동자 임금을 삭감하기 위해 일으킨 음모 때문에 일어났다.[2] 프랑스 작가 티에리 메이상 Thierry Meyssan은 저서 '9/11: 무시무시한 사기극' The Big Lie을 통해 9/11 당시 미국방부 청사 폭파사건은 아메리칸 에어라인 77편기가 추락하며 일어난 게 아니라, 미국의 군산복합체가 쿠데타를 시작하는 신호로 발사한 미사일에 의해 일어났다고 주장했다. 이 책은 엄청난 센세이션을 일으

키며 베스트셀러가 되었다.[3]

루머는 '사회적 폭포효과' social cascades와 '집단 극단화' group polarization라는 두 가지 서로 다른 경로를 통해 전파되는데 이 두 경로는 서로 중첩되어 일어난다. 폭포효과는 우리가 판단을 내릴 때 타인의 생각과 행동에 의존하려는 경향을 보이면서 일어난다. 사람은 자기가 아는 대부분의 사람들이 어떤 루머를 믿으면 자기도 그 루머를 믿는 경향을 나타낸다. 아는 게 전혀 없는 주제와 관련된 루머를 듣게 되면 사람들은 특히 그것을 믿으려고 하는 경향을 보인다. 예를 들어 전미全美총기협회가 어떤 정치적인 후보가 '총기류를 압수하려고 한다'는 루머를 퍼뜨리거나, 어떤 환경단체가 기후변화가 '날조라고 하더라'는 루머를 퍼뜨리면 많은 사람들이 영향을 받게 된다. 왜냐하면 사람들은 평소에 전미총기협회나 환경단체의 말을 믿는 경향이 있기 때문이다.

정보의 폭포현상은 앞장서서 움직이는 사람이 하는 말이나 행동을 보고 다른 사람들이 따라서 할 때 일어난다. 경제에서 루머는 투기적 버블과 엄청난 가격 인플레를 불러일으킬 수 있다. 실제로 2008년 경제위기를 일으킨 데는 이 투기적 버블의 책임이 있다. 또한 많은 패닉 현상의 배후도 루머인 경우가 많다. 사람들 사이에 공포심이 급속히 퍼져나가며, 예상한 대로 일이 벌어지는 '자기달성적인 예언들' self fulfilling prophecies이 만들어지는 것이다. 그리고 만약에 관련 루머들이 두려움이나 구역질 등 강렬한 감정을 불러일으키는 경우 확산 가능성은 훨씬 더 커진다.

집단 극단화는 같은 생각을 가진 사람들이 함께 모여 이야기를 나누면 그 전보다 더 극단적인 생각을 갖게 되는 경우가 많다는 사실을 가리킨다.[4] 예를 들어 어떤 집단의 구성원들이 특정 국가가 악의적인 의도로 정책을 편다는 루머를 믿는 경향을 갖고 있다고 해보자. 이 구성원들은 자기들끼리 이야기를 나누고 나면 그런 생각이 분명히 더 강해진다. 그 전에는 유보적으로 그런 생각을 했던 사람들도 다른 구성원들과 이야기를 나눈 다음에는 확신을 갖고 그렇게 믿게 되는 것이다. 자기가 아는 것은 다른 구성원들이 생각하는 내용들일 뿐인데도 그렇다. 여기서 인터넷이 하는 역할에 대해 생각해 보자. 우리는 다른 사람들로부터 많은 정보를 받는데, 그런 정보를 접하면서 그 정보들이 사실이라고 생각하기 쉽다.

사람들로 하여금 거짓 루머를 믿도록 유도하는 이러한 정보의 폭포현상과 극단화의 위험을 줄이기 위해서는 어떻게 해야 할까? 가장 확실한 표준 답으로는 표현의 자유 시스템을 들 수 있다. 사람들에게 균형 잡힌 정보를 접하도록 해주고, 진실을 아는 사람들이 나서서 잘못된 루머를 바로잡아 주는 것이다. 표현의 자유에 기대면 효과가 있는 게 보통이지만 약효가 불완전하게 나타나는 경우들도 있다. 우리가 진실을 찾아가는 과정에는 감정이 개입될 수가 있다. 사람들은 정보를 중립적인 방법으로 처리하지 않는다. 정보에 반응할 때 그들이 갖고 있는 선입견이 영향을 미치는 것이다. '편향 동화' biased assimilation는 사람들이 새로운 정보를 받아들일 때 이를 편향된 방식으로 기존의 지식에 동화시키는 것을 가리킨다. 거짓 루머를 이미 받아들인 사람들은 그렇게 얻은 믿음을 쉽게 포기하지 않는다. 그러한 믿음에 감정적으로 강력하게 이끌려 있을 때는 특히 더 그렇다. 사실을 제시해 주더라도 사람의 생각을 바꾸도록 하는 것은 엄청나게 힘들다.

많은 사람들이 '생각의 시장' 개념을 확고하게 믿는다. 이들은 진실에 도달하는 최선의 길은 시장을 통하는 것이라고 생각한다. 미국법의 최고 권위자 가운데 한 명인 올리버 웬델 홈스Oliver Wendell Holmes는 이렇게 강조한다. "가능한 최상의 선善은 생각의 자유로운 교류에 의해 도달할 수 있다. 다시 말해, 어떤 생각의 진실 여부를 검증하는 최선의 방법은 시장 경쟁을 통해 그것이 사람들에게 받아들여지는지 여부를 지켜보는 것이다."[5] 이 같은 확고한 주장은 미국뿐만 아니라 전 세계적으로 표현의 자유법이 자리잡는 데 지속적으로 유익한 영향을 미쳤다.

하지만 루머 가운데는 시장의 힘이 제대로 먹혀들지 않는 것들도 있다. 언론과 접촉도 안 되고 인터넷 상에 믿을 만한 사람으로 알려져 있지도 않은 어떤 이웃 사람이 범죄행위를 저질렀다는 루머가 잠재적으로 어떤 결과를 가져올 것인지에 대해 생각해 보자. 그리고 주변에 있는 어떤 기업의 사장에 관해 흥미진진한 감정을 자아내는 루머가 퍼지기 시작했다고 치자. 생각의 시장에 있는 많은 사람들이 진실 여부를 검토해 보지도 않고 거짓 루머를 받아들일 것이 분명하다. 그러고는 삶의 한 단면, 사건의 아주 작은 한 조각이 마치 어떤 놀라운 일 전체를 대변하는 듯이 받아들이려 할 것이다. 이런 경우 문제는 심각하고 전파력이 강하다. 그리고 인터넷을 비롯해 새로운 종류의 감시수단의 영향력이 커짐에 따라 문제의 심각성은 점점 더 커지고 있다. 이런 경우 시장은 진실을 검증하는 최선의 수단이 되기는커녕 많은 사람들이 거짓을 믿도록 만드는 결과를 낳는다. 이러한 결과는 경우에 따라 사람의 생명을 위협하고, 비즈니스에 손상을 주며, 투자자들에게 피해를 주고, 민주주의 기반 자체에 손상을 주게 된다.

마지막에 지적한 민주주의와 관련된 문제는 특히 더 중요하다는 점을 주목하기 바란다. 표현의 자유는 부분적으로는 민주적인 정부를 키워나가기 위해 필요한 것이다. 사람들이 자기 생각을 마음대로 밝힐 수 없다면 원활한 민주주의는 유지될 수 없다. 틀린 생각이라 해도 마음대로 표현할 수 있어야 한다. 하지만 사람들이 거짓 루머를 퍼뜨린다면 민주주의 자체가 어려움에 처하게 된다. 공직자나 단체에 대한 거짓 루머는 특히 더 그렇다. 그럴 경우 정당한 사유도 없이 사람들이 지도자는 물론 정부 정책과 정부 자체에 대해 가졌던 신망을 잃게 된다. 뿐만 아니라 거짓 루머는 우리가 국민으로서 크고 작은 위기에 대처할 수 있도록 해주는 건전한 사고 능력을 좀먹는다.

그렇다고 어떤 종류든 검열제를 도입해야 한다고 주장하는 것은 아니다. 표현의 자유를 규제하려는 노력이 '위축 효과'를 가져온다는 것은 대단히 중요한 사실이다. 허위 사실을 유포했다고 사람들을 처벌한다면 진실을 '위축시키는' 결과를 낳을 것이다. 예를 들어 금융기관에 대해 거짓 루머를 퍼뜨리면 법에 의해 처벌을 받는다고 가정해 보자. 사람들이 그런 거짓 루머로 인해 피해를 입지 않게 된다면 다행한 일이다. 하지만 그러한 법이 있다는 사실 자체가 사람들로 하여금 금융기관이 실제로 어려운 상황에 처해 있고, 그렇다고 볼 믿을 만한 증거까지 있다 하더라도 사실의 공개를 꺼리게 만들 것이다. 합리적이라는 사람들은 위축효과가 언론 자유, 나아가 진실의 전파에 미치는 위험성을 지적하면서 정부에 대해 거짓 루머, 심지어 남에게 해를 끼치는 루머에 대해서도 숨쉴 공간을 대폭 허용해 주어야 한다는 말을 자주 한다. 이들은 시장의 규제는 적을수록 좋다고 말한다.

경우에 따라서는 이들의 생각이 옳을 수도 있다. 하지만 달리 생각하는 사람들도 있다. 위축 효과가 거짓 루머로부터 우리를 지켜 주는 훌륭한 안전 장치 역할을 하는 경우도 있다. 이러한 위축 효과가 없다면 생각의 시장은 많은 사람들로 하여금 개인과 기관에 대한 위험한 거짓 루머를 전파하고 받아들이도록 만들 것이다. 거짓 루머들이 심각한 문제를 일으킨다고 하더라도, 우리는 위축 효과 때문에 공개적인 토론이 위축당하는 결과가 일어나지 않도록 조심해야 한다. 하지만 거짓 루머는 개인의 삶을 망칠 뿐만 아니라 경제적으로도 심각한 결과를 초래할 수가 있다. 그렇기 때문에 뉴욕은 금융기관에 관련된 거짓 루머를 퍼뜨리는 행위를 범법행위로 규정하고 있는 것이다. 앞서 살펴본 바와 같이 거짓 루머는 민주주의 기반 자체를 해칠 수가 있다. 따라서 사회적인 규약과 법률을 동원해 거짓 루머를 위축시키도록 하는 게 좋다. 간단히 말하자면 거짓 루머가 미치는 해로운 영향을 억제할 방법을 찾을 필요가 있다는 것이다.

이 책에서 내가 추구하는 주요한 목적 가운데 하나는 거짓 루머의 배후 메커니즘을 밝히는 것이다. 거짓 루머들이 어떻게 번식하고, 어떻게 전파되며, 어떻게 자리잡는지를 밝혀내겠다는 말이다. 루머를 퍼뜨리려는 사람들은 대부분 이러한 메커니즘에 대해 직관적으로 알고 있다. 그것도 아주 자세히 안다. 따라서 거짓 루머로부터 자신과 다른 사람들을 지키려면 이러한 메커니즘을 제대로 알아야만 한다. 낡은 방식인 검열제는 검토대상에서 제외한다 하더라도 사법부가 나서서 명예훼손죄를 이용해 사람들을 거짓 루머로부터 보호해 주는 것은 합법적이다. 공인이건 아니건 모든 사람이 보호대상이 되어야 한다. 하지만 내가 추구하는 목적의 일부는 법률과는 아무런 관련이 없다. 정보가 어떻게 유포되는지에 대해 사람들의 이해를 높여 줌으로써 사회과학자들이 소위 말하는 '편향오류 제거' debiasing의 가능성을 제시하려는 게 바로 나의 목적이다. 이런 점에 대한 이해가 높아지면 사람들은 거짓 루머를 받아들이는 데 좀 더 신중하게 될 것이다. 그리고 그러한 과정을 통해 우리 사회에서 거짓 루머가 개인의 삶이나 크고 작은 조직에 상처를 입히고, 파괴적인 영향을 미치는 일이 일어나지 않도록 하는 문화를 만들어 나갈 수 있을 것이다.

루머꾼들

루머는 어떻게 해서 시작되는가? 왜 많은 사람들이 어떤 루머꾼의 말에는 귀를 기울이고, 어떤 루머꾼의 말에는 별 관심을 기울이지 않을까? 몇 가지 차이점부터 살펴보자.

루머는 루머꾼들의 입에서 의도적으로 시작되는 경우가 많다. 그런 경우 루머꾼은 자기가 퍼뜨리는 루머가 사실이라고 믿을 수도 있고, 그렇지 않을 수도 있다. 루머꾼들은 다양한 동기를 갖고 있는데 먼저 이들이 갖고 있는 동기가 무엇인지부터 알아볼 필요가 있다.

루머꾼들 가운데는 아주 편협하게 자신의 이익을 추구하는 자들이 있다. 그런 자들은 특정 개인이나 집단에 해를 끼침으로써 자신의 이익을 추구한다. 금전적인 이득을 취하거나 경쟁에서 이겨 자신한테 이득이 돌아오도록 하는 것이다. 이런 자들은 이런 목적 아래 루머를 퍼뜨린다. 예를 들어 존스라는 상원의원이 인종차별주의자이고 남녀차별주의자이며 부패사건에 연루되었다거나 하는 루머가 전형적인 경우다. 투자자가 미래 시장 상황과 관련한 루머를 퍼뜨려 주가를 띄우거나 끌어내리려고 하는 것도 흔한 예다. 예를 들어 신생 기업인 오렌지 컴퓨터사에 투자한 투자자들이 이 회사 신제품이 엄청나게 좋다는 루머를 퍼뜨리는 것이다. 혹은 오래된 기업인 디트로이트 모터스를 싫어하는 사람들이 앞으로 이 회사의 사정이 아주 어려워질 것이라는 루머를 퍼뜨려 손해를 입히는 것이다. 선거 때 특정 후보의 지지자들이 상대 후보가 과거에 끔찍한 비행을 저지른 비밀이 있다고 암시하는 유의 루머를 퍼뜨리는 것도 흔한 수법이다. 공화당 인사들이 민주당 대통령이 공직에 임명한 어떤 후보에 대해 좋지 않은 루머를 퍼뜨리는 경우도 이에 해당된다. 그렇게 함으로써 그 후보자 뿐 아니라 대통령, 나아가 민주당 전체에 타격을 가하고 공화당 측에 돌아올 이득을 챙기려는 것이다.

구체적으로 추구하는 목적이 있는 게 아니라 일반적인 의미에서 자신의 이익을 추구하는 루머꾼들도 있다. 이런 자들은 루머를 퍼뜨려서 사람들의 이목을 끌려고 한다. 일부 우파 웹사이트들에서는 선거 때 버락 오바마와 과격 인종주의자 빌 에이어스Bill Ayres의 관계에 대해 얼토당토않은 증오에 찬 발언들을 쏟아냈다. 이들 웹사이트 가운데는 시청자들의 시선을 끌려는 목적으로 그렇게 한 경우도 있었다. 이런 유의 루머꾼들은 직업과 관련되거나 개인사에 대한 루머를 주로 퍼뜨리는데 거짓인 경우가 많다. 하지만 이들이 누구에게 해를 입히는 데 관심이 있는 것은 아니다. 이들이 남에게 입히는 피해는 기껏해야 부수적인 정도에 그치는 경우가 많다. 인터넷 상에서는 단순히 사람들의 관심을 끌기 위한 방편으로 거짓 루머를 퍼뜨리는 경우들도 있다. 이런저런 유의 근거 없는 가십을 유포하는 자들이 바로 이 부류에 속한다. 이들은 아무런 근거 없이,

혹은 미약한 근거를 갖고, 때로는 제법 많은 근거를 갖고 루머를 퍼뜨린다. 중요한 점은 이들의 주관심이 어디까지나 자신의 이익을 챙기는 데 있다는 것이다.

물론 남을 위해 일하는 루머꾼들도 있다. 이들은 나름대로 명분을 내세운다. 공직자가 얼토당토않게 위험한 신념을 갖고 있다거나 끔찍한 비행을 저질렀을 경우 루머꾼들은 자신들이 생각하기에 공공의 이익이 되는 일을 하려고 한다. 이런 부류의 루머꾼들은 개인이나 단체의 끔찍한 비행이나 신념에 관련된 루머를 시작하고 퍼뜨릴 때 나름대로 자신들이 신봉하는 대의명분을 내세우려는 의도를 갖고 있다. 이러한 소위 이타적인 루머꾼들은 인터넷과 라디오 토크쇼 같은 데서 쉽게 찾아볼 수 있는데, 특히 정치 분야에서 많이 활동한다. 텔레비전 토크쇼 진행자인 숀 해니티가 빌 에이어스와의 관계를 들어 버락 오바마를 공격할 때도 그가 노리는 목적 가운데 하나는 자신이 신봉하는 가치와 명분을 증진시키려는 것이었다.

이기적인 루머꾼들 못지않게 이타적인 루머꾼들 역시 진실은 크게 중요시하지 않는다. 때로는 거짓인 줄 알면서도 말을 퍼뜨리고, 진실인지 아닌지 모르면서도 태연하게 진실인 것처럼 말을 퍼뜨린다. 이런 '분노의 장사꾼'들은 텔레비전, 라디오 그리고 인터넷에서 쉽게 찾아볼 수 있다. 이들은 자신들이 분노를 통해 퍼뜨리려고 하는 믿음과 다른 믿음을 가진 사람들에 대해 거짓 루머나 왜곡된 사실을 잇달아 내놓는다. 중요한 점은 이들이 분노와 감정 발산을 통해 추구하려는 목적은 이타적인 경우가 많다는 것이다.

악의적인 루머꾼들도 있다. 이런 자들은 당혹스러운 사실, 드러나면 상대를 곤란하게 만드는 사실들을 들춰내고 파헤치려고 드는데 자신의 이익이나 대의명분을 위해서도 아니고, 그저 남에게 해를 입히기 위해서 그렇게 한다. 이들은 다른 사람에게 해를 입히는 것을 일차적인 목표로 삼는다. 보통은 일종의 분노와 적개심, 혹은 거친 성정 탓으로 남에게 해를 입히려는 것인데, 특별한 사건 때문에 그러는 것일 수도 있고 타고난 성품이 그렇기 때문일 수도 있다. 이런 자들은 자신이 남에게 입힌 상처를 보고 기뻐하며 큰 환희를 맛본다. 이런 경우도 이들이 주장하는 내용과 사실과의 거리가 전혀 가깝지 않은 경우가 많다. 외설적이고 잔인하고 악의적인 루머꾼들은 사람들이 어려움에 처해 있을 때, 사람들이 자기가 무엇 때문에 그런 처지가 되었는지 궁금해 할 때 특히 효과를 거둔다. 이들이 하는 행동은 보통 사람들에 대해 루머를 퍼뜨려 그들의 평판이나 인간관계, 경력에 심각한 피해를 입힐 수 있다는 점 때문에 특히 더 우려스럽다. 그러한 루머들은 대상이 되는 사람을 막대기로 찌르듯 괴롭히는 경우가 많고, 그렇지 않으면 의혹과 불신을 조장해서 두고두고 그 사람을 괴롭힌다.

다양한 부류의 루머꾼들이 있지만 이들이 보이는 행동 패턴은 유사하다. 점차 보편화되고 있는 행동 패턴 가운데 하나는 다음과 같은 것이다. 루머꾼이 어떤 블로그 포스트에다 어떤 사람이나 단체의 행동, 사업계획, 혹은 견해에 대해 쓴다. 이 포스트를 읽는 사람은 많지 않지만 어쨌건 그곳에 올려서 세상 사람이 다 볼 수 있도록 해놓는 것이다. 다른 블로거들이 이 포스트를 보고 퍼간다. 근거 없고 말도 안 되는 내용이기는 하지만 그래도 퍼가는 것이다. 다른 블로거들이 그렇게 하는 것은 포스트의 내용이 사실이라고 믿을 만한 독립적인 근거가 있어서가 아니라, 그게 허위라고 믿을 수 있게 해주는 독립적인 근거가 없기 때문이다. 어쩌면 놀라서, 화나서, 두려워서, 그것도 아니면 단순한 호기심으로 그렇게 하는 것일 수도 있다. 비교적 짧은 시간 안에 이 내용은 꽤 많은 블로그에 등장한다. 그렇게 되면 수백, 수천, 혹은 수만 명이 그 내용을 보고 사실인 양 받아들이게 된다. 내용을 바로잡는 글을 올리는 블로거가 나올 수도 있지만 사람들의 눈길을 거의 끌지 못한다. 그 루머는 공식적인 뉴스 소스로 흘러들어가게 되고 결국은 해당 개인과 단체에 대해 심각한 의문이 제기된다. 전혀 근거 없이 시작된 루머이지만 그러한 의문은 계속 제기되고(정말로 그런 범죄를 저질렀나? 정말 그런 어처구니없는 명분을 따랐단 말인가?) 결국 루머꾼은 승리자가 된다.

기존의 신념이 미치는 영향

루머는 언제 어떻게 퍼지는가? 루머꾼들도 어떤 특정 집단을 만나면 다른 집단에 비해 활동하기가 수월해지는 경우가 분명히 있다. 어떤 집단이 위험을 당하고 어려운 처지에 놓이게 되면 그 집단의 구성원들은 분노하게 되고, 그래서 누군가에게 비난을 돌리고 싶어한다. 그래서 위험을 당하고 끔찍한 사건이 일어날 때마다 루머는 불가피하게 생겨난다. 대부분의 사람들은 왜 비행기가 추락했는지, 왜 지도자가 암살당했고, 왜 테러공격이 일어났으며, 왜

경제가 갑자기 나빠졌는지 개인적이고 직접적인 지식을 통해 알지 못한다. 그리고 위기가 지나가면 수많은 추측들이 난무한다. 어떤 사람들의 귀에는 그러한 추측들이 그럴듯하게 들린다. 그것은 그런 추측들이 분노와 비난을 돌릴 수 있는 적절한 탈출구를 제공해 주기 때문일 것이다. 끔찍한 사건은 분노를 낳고, 분노하면 사람들은 자신의 감정 상태를 정당화시켜 줄 루머를 한층 더 쉽게 받아들이게 된다. 그리고 그러한 사건이 누군가의 의도적인 행동에 의해 저질러졌다고 믿고 싶어 한다. 어떤 루머들은 '울컥하는 충동적인 감정' 을 억제시켜 주는 동시에 루머를 받아들이는 사람들에게는 왜 자기가 그런 감정을 갖게 되는지 그 이유를 설명해 준다. 루머가 '감정을 억제하는 동시에 정당화시켜 주는' 역할을 하는 것이다.[6]

사람들이 루머를 믿느냐 안 믿느냐는 그 루머를 듣기 전에 어떤 생각을 하고 있었는지에 따라 크게 좌우된다. 가장 친한 친구에 관해 아주 좋지 않은 루머를 들었다고 가정해 보자. 예를 들어 그가 아내 몰래 바람을 피웠다거나 회사 돈을 몰래 빼내 유용했다는 말을 듣게 되었다.

아마도 여러분은 그 말을 믿으려 들지 않을 것이다. 이번에는 전혀 좋아하지 않는 어떤 공직자에 대해 비슷한 루머를 들었다고 가정해 보자. 그 루머가 평소 생각하던 그 공직자에 대한 좋지 않은 이미지와 부합한다면 여러분은 그 루머를 얼른 받아들일 것이다. 왜? 여기에는 두 가지 이유가 있다.

우리가 갖고 있는 신념은 대부분 우리가 품고 있는 희망이나 목적, 소망에서 비롯된다. 그런 의미에서 우리의 신념은 나름대로의 동기를 갖고 있다. 어떤 주장을 받아들이면 사람들은 기분이 좋아지는 반면, 그것을 거부할 때는 기분이 좋지 않고 비참한 기분이 들기까지 한다. 예를 들어 여러분이 얼마 전에 도요타의 신형 캠리 하이브리드 차를 구입했다고 가정해 보자. 그런데 도요타 캠리 하이브리드가 심각한 디자인 결함을 갖고 있어서 두 달 안 가 고장이 날 것이라는 루머를 들었다. 그런 루머를 듣고 여러분이 첫 번째로 나타낼 반응은 "못 믿겠어!" 라는 말일 것이다.

사람은 자신이 확고하게 믿는 사실에 배치되는 주장은 일단 거부함으로써 인지적 부조화cognitive dissonance를 줄이려고 노력한다는 사실이 많은 실험을 통해 입증되었다.[7] 루머꾼들이 미국정부가 어떤 끔찍한 일을 저질렀다는 소문을 퍼뜨린다 해도 대부분의 미국민들은 그 루머를 믿지 않을 것이다. 대부분의 사람들은 자기 나라 정부가 비난 받을 만한 일을 저질렀다는 말을 들으면 기분이 극도로 불쾌해질 것이다. 마찬가지로 가족들은 여러분에 관한 거짓 루머나 아주 좋지 않은 루머를 듣더라도 쉽게 믿으려 들지 않을 것이다. 스스로 믿고 싶은 경우를 제외하고 우리는 자신의 인지적 부조화를 줄이기 위해 루머를 믿지 않는다. 메아리 효과를 내는 반향실은 그 안에 들어 있는 사람들로 하여금 기존에 믿고 있는 사실에 대한 믿음을 더 강화시켜 준다. 예를 들어 어떤 공적인 인물의 친한 친구들은 그 인물에 대해 좋지 않은 소문이 나도는 경우 확실한 근거가 있는 소문이라 해도 믿으려 들지 않는다. 친구들은 공개적으로 그 소문을 부인할 강한 동기를 갖고 있을 뿐만 아니라, 자기 자신에게도 그렇게 믿어야 한다는 동기부여를 해놓고 있기 때문이다.

같은 루머를 놓고도 어떤 사람들은 그것을 부인하

고 어떤 사람들은 얼른 받아들인다. 미국 정부를 신뢰하지 않는 이라크 국민들은 미국 정부가 얼마든지 나쁜 짓을 저지를 수 있다고 믿을 동기를 갖고 있는 것이다. (이라크에서는 온갖 종류의 거짓 루머가 사실인 양 널리 믿어지고 있다. 예를 들어 이라크 참전 미군 가운데는 외국 국적자들이 많으며 이들이 전사하면 참전 사실을 감추기 위해 비밀 장소에 묻는다는 식의 루머들이다.) 예를 들어 여러분이 어떤 공적인 인물을 무척 싫어하고, 그가 잘못된다는 생각을 하면 기분이 좋아진다고 치자. 여러분은 그에 대한 좋지 않은 루머를 들으면 설혹 그게 사실이라고 믿기 힘들다 하더라도 그대로 받아들일 동기를 갖고 있는 것이다. 세라 페일린 주지사가 아프리카라는 이름을 대륙 이름이 아니라 국가 이름인 줄 알았다는 거짓 루머는 그녀의 반대자들에게 즐거움을 안겨 주었다. 그녀를 지지하지 않는 사람들은 그녀가 그런 말도 안 되는 헛소리를 했다는 루머를 신이 나서 받아들였을 게 분명하다.

루머에 대해 왜 집단에 따라, 국가에 따라 반응이 크게 달라지는지에 대한 이유는 이제 어느 정도 짐작할 수 있을 것이다. 특정 루머를 받아들이려는 동기가 아주 강한 집단과 국가가 있는 반면, 또 어떤 집단과 국가는 그 루머를 거부하려는 동기가 그만큼 강하다. 음모이론이 인기가 높은 것도 같은 차원에서 이해될 수 있다. 9/11 테러가 미국의 주도로 일어났다거나 경제위기 사태의 배후에 유대계 금융업자들의 음모가 숨어 있다고 하는 음모이론을 믿는 사람들은 그렇게 믿고 싶기 때문에 믿는 것이다.

기존에 갖고 있는 신념이 하는 역할을 제대로 이해하려면 동기는 전체 그림의 일부분일 뿐이라는 사실을 아는 게 중요하다. 우리가 어떤 루머를 믿거나 안 믿거나 하는 결정은 부분적으로는 그 루머가 우리가 이미 알고 있는 사실과 부합하느냐의 여부에 달려 있다. 우리가 갖고 있는 기존의 지식체계와 부합하지 않는 루머는 웃음거리로 보이고 호소력을 갖지 못한다. 예를 들어 도요타 캠리 하이브리드 신차를 구입했는데 차가 잘 굴러가고 있다면, 여러분은 차가 금방 고장난다는 루머를 믿지 않을 이유를 갖고 있는 것이다. 만약에 스미스씨가 제일 친한 친구라면 여러분은 그 사람이 회사 공금을 유용했다는 루머를 믿지 않을 동기를 갖고 있는 것이다. 어떤 루머를 믿느냐 안 믿느냐 하는 판단은 여러분이 이미 알고 있는 정보에 따라 전적으로 달라진다.

이제 정치적인 루머의 경우 그것을 듣는 사람들에 따라 왜 극단적으로 다른 반응을 하게 되는지에 대해 또 다른 이유를 살펴보기로 한다. 존스 상원의원을 좋아하는 사람들은 그에게 우호적인 정보들을 많이 수집해 놓고 있을 가능성이 높기 때문에 그들의 생각을 바꾸기 위해선 새로운 증거 자료가 많이 필요하다. 존스 상원의원을 싫어하는 사람들은 그에게 비우호적인 정보를 많이 모아 놓고 있는 게 보통이다. 따라서 그에게 부정적인 루머의 입장에서는 이런 사람들이 뿌리내리기 좋은 아주 비옥한 토양이 된다. 이런 이유로 어떤 집단에게는 아주 진지한 관심을 받는 루머가 다른 집단에 가면 불신의 대상이 되고 조롱거리가 되는 것이다. 기존의 지식은 루머를 막는 역할과 루머에 기름을 붓는 역할 두 가지 모두를 한다.

어떤 사회에서든 사람들은 루머를 받아들이는 데 있어서 각자 서로 다른 '수용 문턱' thresholds을 갖는다.[8]

예를 들어 스미스란 사람이 도박 벽이 있다는 루머를 듣고 쉽게 믿는 사람들은 그를 좋아하지 않거나, 이전에 그 사람에게서 그런 루머에 부합되는 행동을 목격한 적이 있는 사람들일 것이다. 이런 사람들은 '수용자 집단' receptives이다. 어느 쪽으로도 편향되지 않는 집단도 있는데 이들은 스미스란 사람을 좋아하지도 싫어하지도 않을 뿐만 아니라, 그에 대한 정보도 거의 없는 사람들이다. 이런 부류는 관련 증거를 갖고 있지 않고, 또한 몇 명 되지 않는 사람들이 같은 견해를 보이기 때문에 그 루머를 받아들이게 된다. 이런 사람들은 '중립 집단' neutrals이다. 반면에 스미스란 사람을 좋아하고 신뢰하는 부류도 있을 수 있다. 그런 사람들이 루머를 받아들이기 위해서는 그것을 뒷받침해 주는 정보가 엄청나게 많이 있어야 한다. 증거가 되는 정보가 아주 많아지면 그때 가서야 루머를 받아들일 것이다. 이런 부류는 '회의적인 집단' skeptics이라고 부를 수 있다.

이런 다양한 수용 문턱 안에서 '티핑 포인트' tipping points가 나타나게 되는데, 이는 많은 사람들이 결국 루머를 받아들이게 되는 일종의 발화점 같은 것이다. 예를 들어 루머꾼들이 어떤 루머를 가지고 성공적으로 '수용자 집단'에 접근하게 되었다고 가정해 보자. 이 수용자 집단의 규모가 아주 큰 경우에는 이들이 갖고 있는 신념체계가 결국 '중립 집단'을 설득하게 될 것이다. 그리고 그 중립 집단의 수가 많으면 회의론자들 가운데 일부가 '폭발'tip을 시작하게 되고, 결국에 가서는 새로운 믿음을 향해 일종의 사회적 수렴현상social convergence이 일어나게 되는 것이다. 이러한 티핑 포인트 현상은 사회 여러 영역에서 목격된다. 예를 들어 많은 사람들이 처음에는 리처드 닉슨 대통령이 워터게이트 호텔에서 행해진 도청사실 은폐 음모에 실제로 가담했다는 주장을 받아들이려 하지 않았다. 그러다 수용자 집단(닉슨 대통령을 아주 싫어해서 그에게 최악의 상황이 되는 주장을 믿을 태세가 되어 있는 사람들)이 아주 쉽게 설득이 되면서, 마침내 중립 집단까지 움직였다. 그 다음 수백만 명에 달하는 미국민들이 이 주장을 믿게 되고, 명백한 증거까지 가세하면서 결국 '회의적인 집단'까지 움직이게 만든 것이다.

이러한 일반적인 과정으로 모든 종류의 신념체계

에 일어나는 변화를 설명할 수 있다. 예를 들어 종교적 신념, 다윈의 진화론, 정당 후보에 대한 지지, 동성애에 관한 입장 등 여러 종류의 신념이 모두 여기에 해당된다. 종교와 관련된 문제는 좀 더 조심스러운 설명이 필요하겠지만, 개종 역시 이런 과정을 거쳐 이루어지는 경우가 많다. 왜 어떤 사람은 기독교도가 되고, 어떤 사람은 유대교도, 불가지론자, 무신론자가 되는 것일까? 자기가 신뢰하는 다른 사람들이 함께 갖고 있는 믿음은 중요하다. 종교의 경우에도 티핑 포인트는 중요한 역할을 한다. 하지만 루머의 경우 배후에서 움직이는 작동 원리는 아주 분명하다. 지금부터 이 루머의 작동 원리에 대해 좀 더 자세히 설명해 보겠다.

다른 사람 따라하기

1 정보의 폭포현상 Informational Cascades

루머는 정보의 폭포현상을 통해 전파되는 경우가 많다. 이러한 폭포현상의 기본 작동 원리는 간단하다. 일단 어느 정도 되는 수의 사람이 루머를 믿게 되면 다른 사람들도 그것을 따라 믿게 된다. 그 루머가 거짓이라고 생각할 수 있게 해주는 확실한 이유가 없는 한 그렇다. 대부분의 루머는 사람들이 직접적인 정보 혹은 개인적으로 접한 정보를 갖고 있지 않아 다중의 생각에 의존하게 되는 주제들을 소재로 삼는다. 점점 많은 사람들이 다중의 생각에 의존하게 되면서 다중의 규모는 점점 더 커진다. 그러면서 아주 많은 수의 사람들이 완전히 거짓인 루머를 믿게 될 위험 또한 커지게 되는 것이다.

존스 상원의원이 아주 나쁜 짓을 했다는 루머의 사실 여부를 놓고 고심 중인 어떤 집단이 있다고 가정해 보자.[9] 이 집단 구성원 개개인이 차례대로 나서서 자신의 생각을 발표한다. 앤드루라는 사람이 첫 발언자로 나섰다. 그는 존스 상원의원에 대한 악성 루머를 퍼뜨린 장본인일 가능성이 있다. 앤드루는 존스 상원의원이 정말 나쁜 짓을 했다고 말했다. 바버라라는 여성은 이제 앤드루가 어떤 생각을 하는지 알게 되었다. 바버라는 존스 상원의원에 대해 자신이 알고 있는 정보를 토대로 독자적인 판단을 내리는데, 그러면서 앤드루의 입장에 동의한다. 그런데 바버라는 앤드루가 존스 상원의원에 대해 자신이 하는 이야기가 사실이라고 주장하는 것을 보고 그의 입장을 그대로 받아들이는 것일 수도 있다. 혹은 바버라는 자신의 독자적인 판단으로는 존스 상원의원이 나쁜 짓을 하지 않았을 것으로 생각하면서도 앤드루가 한 말 때문에 그 루머를 사실이라고 믿을 수가 있다. 앤드루의 말도 못 믿고 자기 생각도 못 믿는 상황이 될 수도 있는데 그렇게 되면 그저 동전 던지기로 입장을 정리해야 할지도 모른다.

이때 칼이라는 세 번째 인물이 등장한다. 앤드루와 바버라 두 사람 모두 그 루머를 믿는다고 했다고 치자. 그런데 칼은 자기가 아는 정보가 따로 있다. 그 정보에 따르면 확실치는 않지만 두 사람의 생각이 틀렸을 가능성이 높다. 그런 경우에도 칼은 자기가 아는 정보를 무시하고 앤드루와 바버라의 생각에 따를 가능성이 있다. 칼은 앤드루와 바버라 두 사람 모두 그런 결론을 내릴 때는 나름대로 이유가 있었을 것이라는 생각을 한다. 그래서 자신이 갖고 있는 정보가 그 두 사람이 가진 정보보다 더 정확하다는 확신이 서지 않는 한 그는 두 사람이 이끄는 대로 따라간다. 그렇게 되면 칼은 '정보의 폭포현상'에 빠지는 것이다.

이제 칼은 자신이 가진 정보를 토대로 하는 게 아니라 앤드루와 바버라 두 사람의 판단이 옳을 것이라는 생각에서 두 사람의 입장에 동조한다. 그런데 다른 구성원들, 예를 들어 데니스, 엘런, 프랜시스는 앤드루와 바버라, 칼이 어떤 생각을 하고 어떤 입장을 밝혔는지 안다. 그러면서 그들이 내린 판단이 일리가 있을 것이라고 생각한다. 그런 다음 이들은 칼이 했던 과정을 그대로 따라서 간다. 관련 정보를 갖고 있지 않으면서도 존스 상원의원에 관한 루머를 사실로 받아들이는 것이다. 앤드루는 처음에 자기가 말하는 내용이 틀렸다는 것을 알았을 수가 있고, 아니면 사실인 줄 잘못 알고 그렇게 말했을 수도 있다. 어느 경우가 되었든 이 소집단은 그 루머를 받아들이게 되었다. 간단히 말하면 앤드루가 처음에 한 말은 폭포현상을 일으켜 그로 인해 많은 사람이 중대한 허위 정보를 사실로 받아들이고 확산시키는 결과를 초래하게 된 것이다.

현실성이 없는 이야기처럼 들리겠지만 현실세계에서도 이러한 폭포현상은 자주 일어나며, 루머가 전파되는 많은 경우를 이 현상으로 설명할 수가 있다. 심지어 전문가 집단에서도 이러한 폭포현상은 비일비재하게 일어난다. 뉴잉글랜드 의학저널에 실린 한 논문은 '밴드왜건 효과' bandwagon diseases를 다루고 있는데 의사들이 "마치 들쥐 떼처럼 다른 의사들이 하니까 그때그때 상황에 따라, 분위기에 맹목적으로 휩쓸려 특정 질병과 치료법 연구에 매달린다"고 설명하고 있다.[10] 이런 현상은 현실세계에서 심각한 결과를 초래할 수 있다. "대부분의 의사들은 최첨단 연구를 직접 하지 못한다. 그래서 어쩔 수 없이 동료 의사들이 수행해 놓은 연구결과에 의존하게 된다."[11] 논문은 편도절제술을 비롯한 여러 의료 관행이 "처음에는 취약한 정보를 바탕으로 시작된 것 같다"고 말하고 편도절제술의 빈도(그리고 예방접종을 포함한 여러 과정)에서 큰 차이가 나게 된 것은 폭포현상이 일어난다는 사실을 보여주는 좋은 증거라고 했다.[12]

인터넷 상에서는 정보의 폭포현상이 일상사로 일어난다. 그리고 전혀 근거 없는 루머도 우리의 신념과 행동체계에 엄청난 영향을 미치고 있다. 지금까지 많은 시청자들이 보고 있다면 유튜브 비디오는 앞으로 훨씬 더 많은 시청자를 끌어들일 가능성이 높다. 이것은 폭포현상이 일어나고 있다는 확실한 예다.

많은 폭포현상이 진실을 전파하며, 얼마든지 좋은 결과를 낳을 수도 있다는 것 또한 사실이다. 지구는 둥글다, 인종차별은 나쁜 것이다, 언론의 자유는 보장되어야 한다, 민주주의가 최선의 정부 형태다라고 하는 등의 믿음을 전파하는 데도 정보의 폭포현상이 도움이 된다. 어떤 은행이 정말 파산할 위기에 처해 있고, 어떤 정치인이 정말 부패한 경우에 폭포효과로 그런 사실이 전파된다면 그것은 아주 바람직한 일이다. 남아공의 인종차별 아파르트헤이트에 대한 반대운동이나 전 세계적으로 남녀평등 운동이 일어난 것도 모두 정보의 폭포효과로 힘을 얻었다. 하지만 문제는 거짓 루머도 폭포현상을 일으키는 경우가 많다는 것이다. 그렇게 되면 두 가지의 큰 사회적 문제가 야기된다. 첫째로 가장 중요한 문제는 사람들이 거짓 사실, 어쩌면 아주 치명적인 허위 사실을 진실인 것처럼 믿게 된다는 것이다. 그런 폭포현상은 인간관계를 망치고 비즈니스를 망치고, 대상이 되는 사람의 일생을 망가뜨릴 수가 있다. 두번째 문제는 일단 폭포현상에 휩쓸리고 나면 사람들이 자기 맘속에 갖고 있는 의문을 잘 드러내지 않는다는 것이다. 사람들은 존스 상원의원이 소문에 떠도는 그런 일을 저지를 사람이 아니라고 생각하면서도 그런 루머를 먼저 퍼뜨린 자들이 이끄는 대로 뒤를 따라가게 된다. 많은 루머꾼들이 자신의 이익을 위해서이거나 아니면 악의적인 동기를 갖고 있다는 점을 다시 상기해 보자. 이제는 이런 루머꾼들이 퍼뜨리는 거짓 루머를 위축시키는 게 왜 중요한지 더 잘 이해가 되었을 것이다.

루머를 접할 때 사람들은 처음에는 물론 각자 서로 다른 수준의 정보를 갖고 시작한다. 많은 이들이 처음에는 관련 정보를 아예 하나도 갖고 있지 않을 수도 있다. 또한 관련 정보를 갖고 있기는 하나 다른 많은 사람들이 갖고 있는 믿음을 뒤엎을 만큼 충분한 정도는 아닌 경우들도 있다. 더구나 그 다른 사람들이 많은 사람들로부터 신뢰를 받는 경우에는 그것을 뒤엎기가 더 어렵다. 그런가 하면 중요한 관련 정보를 많이 갖고 있으면서도 의도적으로 거짓 루머를 받아들이기로 하는 사람들도 있다. 앞에서 티핑 포인트의 중요성을 강조한 바 있는데 루머는 다음과 같은 과정을 통해 전파되는 경우가 많다. 루머는 제일 먼저 '수용 문턱' 이 낮은 사람들에 의해 받아들여진다. 루머를 믿는 사람들이 늘어남에 따라 문턱이 높은 사람들도 뒤따라 받아들이게 되는데, 이들은 그렇게 많은 사람들이 틀릴 수가 있겠느냐는 나름대로 합리적인 생각에 따라 그런 판단을 한다.[13] 그렇게 해서 최종적으로 많은 사람들이 아무런 근거도 없는 거짓 루머를 받아들이는 결과를 낳게 되는 것이다. 인터넷 이야기로 다시 돌아가 보자. 어떤 루머꾼이 블로그에 글을 올렸다고 치자. 다른 블로거가 그 글을 퍼간다. 그러다 보면 나중에는 글들이 쌓여서 정말 어떤 강렬한 인상을 주게 된다. 특별한 사회적 네트워크를 이루는 사람들 사이에서는 확실히 그렇게 될 것이고, 나아가 범위를 넓혀 보편화될 것이다. 사실과 거짓 모두 이런 식으로 전파되어 나간다.

루머가 아니라 음악 다운로드에 관한 연구에서도 이런 점이 잘 드러난다. 프린스턴대 사회학자인 매튜 샐개닉Matthew Salganik 교수는 동료들과 함께 1만4341명의 참가자를 대상으로 인위적인 뮤직 마켓을 개설했다.[14] 실험 참가자들은 젊은이들 사이에 인기가 높은 웹사이트 방문자들이었다. 참가자들에게는 한번도 들어 본 적이 없고 어떤 밴드가 연주했는지도 모르는 곡목 리스트를 보여 주었다. 그리고 음악을 들려 준 다음 관심이 가는 곡목을 골라 보라고 했다. 그리고 어떤 곡목을 다운로드할 것인지(마음에 드는 곡이 있는 경우)를 정하고, 선택한 노래에 순위를 매겨 보라고 했다. 참가자들 가운데 절반가량은 밴드 이름과 곡목 그리고 음악의 수준을 토대로 독자적인 판단에 따라 결정을 했다. 이들은 컨트롤 그룹이고, 컨트롤 그룹 외의 참가자들은 8개로 나눈 임의의 '세상'에 무작위로 배치했다. 이 8개의 세상 안에서 참가자들은 곡목별로 다운로드 횟수가 얼마나 되는지 볼 수 있도록 했다. 실험은 세상별로 각각 진행되었다. 참가자들은 자기가 소속된 세상 안에서 이루어진 다운로드 횟수만 볼 수 있다. 핵심 포인트는 참가자들이 다른 사람들이 한 선택으로부터 영향을 받느냐 하는 점이었다. 그리고 '세상' 별로 다른 곡목이 인기를 끌 것인가 하는 것도 관심의 대상이었다. 과연 어떤 결과가 일어났을까? 사람들이 다른 사람의 판단에 의해 영향을 받았을까?

결과는 앞선 사람의 선택에 의해 엄청난 영향을 받는 것으로 나타났다. 8개의 '세상' 모두에서 참가자들은 자기보다 앞서서 많은 사람이 다운로드한 곡을 따라서 다운로드하는 경향을 강하게 나타냈다. 자기보다 앞서서 다른 사람들에게 크게 인기가 없었던 곡은 좀처럼 다운로드하려고 하지 않았다. 가장 놀라운 점은 음악의 성공 여부가 매우 예측불허라는 점이었다. 다른 사람의 판단을 볼 수 없도록 해놓은 컨트롤 그룹에서 인기가 높거나 낮은 곡목들이 "사회적인 영향을 받는 8개의 세상"에서는 전혀 엉뚱한 결과를 나타낸 것이다. 8개의 세상에서는 대부분의 곡목이 첫번째 참가자의 다운로드 선택 여부에 따라 인기가 아주 높아지기도 하고 낮아지기도 했다. 똑같은 음악이 히트곡이 되기도 하고 실패작이 되기도 했는데, 그것은 순전히 다른 사람이 처음에 그 곡목을 다운로드했느냐 안 했느냐에 따라 달라졌다. 샐개닉 교수와 연구 동료들은 다음과 같은 결론을 내렸다. "일반적으로 볼 때 '최고의' 노래가 순위가 아주 낮게 나온 적은 없고 '최악의' 노래가 아주 좋은 점수를 받은 경우도 없었다. 하지만 그 밖에는 거의 모든 경우의 결과가 다 나타났다."[15] 제일 중요한 것은 바로 이 점이다.

관련 연구에서 샐개닉 교수와 공동 연구자들은 루머꾼 역할을 하며 실험 과정에 영향을 미치려고 시도해 보았다. 어떤 노래를 많은 사람이 다운로드했다는 식으로 참가자들에게 거짓 정보를 흘렸다. 실제로는 인기가 저조한 곡들을 대상으로 그렇게 거짓 정보를 내보낸 것이다.[16] 실제 인기도를 정반대로 뒤바꿔 이야기하기도 했다. 제일 인기 없는 곡을 다운로드가 가장 많았다고 이야기해 주고, 제일 인기가 많은 곡을 다운로드 횟수가 제일 적었다고 이야기해 준 것이다. 그랬더니 결과는 '자기달성적인 예언들' 을 만들어낼 수 있는 것으로 나타났다. 인기와 관련해 내보낸 거짓 정보가 시간이 지나며 실제 인기로 나타난 것이다. 인기 있는 곡이라고 생각되는 곡은 최소한 단기간에는 실제로 높은 인기를 누렸다. 아주 인기가 높은 곡들도 결국 인기를 회복하기는 했지만 다소 시간이 걸렸다. 그리고 인기가 가장 저조했던 곡들도 정보를 뒤집어 내보낸 뒤 최정상을 향해 순위가 꾸준히 상승했다. 습득한 정보가 우리의 행동에 어떤 영향을 미치는지, 그리고 다른 사람의 생각과 행동이 우리의 행동에 어떤 영향을 미치는지 극명하게 보여주는 연구결과다.

음악 다운로드 실험은 루머가 어떻게 유포되는지를 설명하는 데 도움이 된다. 특정 정치인이나 국가, 기업에 관한 소문은 '세상' 에 따라 유포되는 속도가 달라진다. 자기가 몸담은 '세상' 이 다르면 사람들이 믿는 '사실' 도 달라진다. 루머가 전파되는 속도와 정도에 차이가 나는 것은 공상과학소설에서 숱하게 등장하는 '다른 차원으로의 여행' 이라는 개념을 연상시킨다. 똑같은 루머가 어떤 지역에서는 별다른 노력을 들이지 않고도 확고하게 자리를 잡는 반면, 또 다른 지역에서는 전혀 먹혀들지 않는 것이다. 똑똑한 루머꾼들이라면 자신들이 만들어서 퍼뜨린 루머를 다른 사람들도 믿으니 따라서 믿으라고 사람들을 설득할 것이다. 같은 루머꾼이라 해도 어떤 '세상' 에서는 큰 성공을 거두는 반면 다른 '세상' 에서는 아무런 성공도 거두지 못할 것이다. 루머꾼에 따라서는 이와 전혀 다른 성공과 실패의 패턴을 보여 줄 수도 있다. 진실과의 부합이라는 면을 기준으로 판단할 때 루머의 품질은 큰 문제가 되지 않거나, 혹은 전혀 문제가 되지 않는다.

이런 점에서 보면 왜 어떤 사회적인 집단들은 허위 루머에 집착하고, 어떤 집단은 그럴 리가 없다고 일축하고 웃음거리로 치부해 버리는지 그 이유를 알 수 있다. 에이즈AIDS가 왜 생겨났는지 그 발생 원인을 둘러싼 엄청나게 다양한 주장들이 제기된 것이 한 가지 예다. 어떤 집단에서는 이 병의 첫 사례가 아프리카에서 관찰되었으며, 인간과 원숭이의 성관계가 발생 원인이라고 주장했다. 이 주장은 사실과 다른 거짓 주장이다. 또 어떤 집단에서는 이 병의 바이러스가 정부의 실험실에서 만들어져 흘러나왔다고 주장했다. 이 또한 거짓 주장이다.[17] 또 한 가지 예는 9/11 테러 공격의 배후를 둘러싸고 벌어진 다양한 논란들이다. 공격의 배후와 관련해 이스라엘과 미국의 개입설 등 다양한 음모론이 제기되었다.

에이즈의 발병 원인과 9/11테러의 배후를 둘러싼 여러 논란은 사회적 소통, 특히 정보 폭포효과의 산물이다. 공적인 인물이든 사적인 인물이든 어떤 사람이 엉뚱한

짓을 했다거나 끔찍한 비행을 저질렀다는 소문을 우리가 집단적으로 믿게 될 때도 이와 똑같은 과정이 일어난다. 이런 사례들은 정보 폭포효과의 결과로 일어나는 경우가 많다. 폭포효과로 확산된 루머들이 확고한 믿음으로 자리 잡게 되면 그 파급효과는 엄청난 위력을 발휘하게 된다. 유사한 믿음을 공유한 사람들끼리는 특정 루머를 받아들이고, 다른 루머는 배척하는 경향이 강하다는 점을 상기해 보자. 어떤 그룹(예를 들어 유타 주 주민이나 이란 국민들)은 루머를 퍼뜨리는 정보 폭포효과에 취약한 반면 다른 그룹(예를 들어 뉴욕이나 캐나다 주민들)은 그렇지 않다고 가정해 보자. 그럴 경우에 서로 다른 '세상'에 사는 사람들은 강렬한 기초적 믿음을 키워나가고, 이후에 듣게 되는 모든 정보에 대해서는 그 기초적인 믿음을 토대로 접근한다. 그렇기 때문에 이들이 갖고 있는 생각을 바로잡기란 대단히 어렵다. 이 문제는 앞으로 더 자세히 설명키로 한다.

2 동조화 폭포현상 Conformity Cascades

가끔 우리는 다른 사람이 믿기 때문에 따라서 루머를 믿는다. 하지만 그저 루머를 믿는 것처럼 행동하는 경우들도 있는데 스스로 자기 검열을 통해 자신이 다중과 뜻을 같이하는 것처럼 보이도록 만드는 것이다. 이 같은 동조화에 대한 압박도 루머가 어떻게 유포되는지에 대해 설명해 준다.

동조화가 어떻게 작동되는지 보기 위해 솔로몬 애시Solomon Asch가 실시한 몇 가지 고전적인 실험들을 살펴보자. 애시는 사람들이 스스로 명확한 증거라고 생각하는 내용들을 고의로 간과하는지 여부에 대해 연구했다.[18] 이 실험에서 실험 대상자는 7~9명씩으로 이루어진 집단 안에 소속되었는데 그들은 겉으로 보기에는 실험 대상자들인 것처럼 보이지만 실제로는 애시의 공모자들이다. 이들이 부여 받은 임무는 아주 간단한 것으로 커다란 흰 종이에 그린 선을 세 개의 '비교선' 가운데서 길이가 일치하는 선 하나와 '일치' 시키는 것이었다. 길이가 다른 두 선은 길이가 1과 4/3 인치와 3/4인치로 크게 차이가 났다.

애시가 실시한 처음 두 차례의 실험에서는 모두가 정답을 내놓았으며 "쉽게 구분해 낼 수 있는 일이었고, 모든 사람이 간단하게 같은 판단을 내렸다."[19] 그런데 "세번째 실험에서 갑자기 이 조화가 깨져 버렸다."[20] 실험 대상자 한 명을 제외한 다른 그룹 멤버들 모두가 문제의 선을 명백하게 긴 선 혹은 짧은 선에다 갖다 댄 것이다. 그것은 실험 대상자를 포함해 제정신 가진 어떤 사람의 눈으로 봐도 말도 안 되는 오류였다. 이런 상황이 오자 실험 대상자는 다음과 같은 선택에 직면하게 되었다. 그것은 소신대로 독자적인 판단을 계속할 것이냐, 아니면 만장일치를 이룬 다른 구성원들의 견해를 받아들이느냐 하는 것이었다.

어떤 결과가 나왔을까? 놀랍게도 대부분의 실험 대상자가 여러 차례 되풀이한 실험에서 최소한 한 번 이상 집단 전체의 견해를 따라갔다. 다른 사람이 내린 판단을 보여 주지 않고 독자적인 결정을 하라고 했을 때는 오답률이 1% 미만으로 나타났다. 하지만 집단 압력이 오답을 뒷받침해 준 경우에는 오답률이 36.8% 를 기록했다.[21] 질문을 12번 되풀이했을 때는 70%가 집단의 견해를 따라갔다.

최소한 한 차례 이상씩 자신의 눈을 부정한 것이다.[22]

어떻게 해서 이와 같은 결과가 나타났을까? 비공개 인터뷰에서 동조자 몇 명은 자신의 판단이 틀렸을 것이라는 생각을 했다고 말했다. 자신이 그런 판단을 내리게 된 것이 다른 구성원들한테서 받은 압력 때문이 아니라, 다른 사람의 판단이 옳을 것이라는 믿음 때문이었음을 시사한 답변이었다. 한편 애시의 실험과 똑같은 상황을 이용해서 실험을 하되 실험 대상자들에게 비공개로 답을 하라고 요청해 본 결과 오답률이 크게 줄어든 것으로 나타났다.[23] 간단히 말하자면 정답과 같은 답과 다른 답이 남의 눈에 쉽게 드러나는 상황에서는 실험 대상자들이 정답과 같은 답을 더 많이 했다.[24] 이는 다른 구성원들의 압력이 중요시된다는 것을 의미하는데 이는 경제학자 티무르 쿠란 Timur Kuran이 말한 소위 '지식 위증' knowledge falsification으로 사람을 유도한다. 다시 말해 동료들의 압력이 자기가 실제로 알고 있는 지식을 틀리게 나타내도록 사람들을 유도한다는 것이다.[25] 여기서 루머가 성공적으로 자리잡는 경우와 동조화 압력의 관계에 대해 다음과 같은 하나의 단서를 찾을 수 있다. 그것은 바로 사람들은 다중이 보이는 확고한 견해 앞에서는 자기가 알고 있는 지식에 대해 거짓으로 말하거나 아니면 최소한 자기 마음속에 품고 있는 의문을 억누르게 된다는 것이다.

루머는 동조화 폭포현상의 결과로 유포되는 경우가 많다. 이 동조화 폭포현상은 밀접한 관계를 유지하는 집단들로 구성된 사회적 네트워크나 특정 신념체계가 대단히 중요한 비중을 차지하는 네트워크에서 특히 중요한 역할을 한다. 동조화 폭포현상에서 사람들은 자신의 개인적인 견해가 무엇이든 상관없이, 그리고 의문이 들더라도 상관없이 집단과 행동을 같이함으로써 다른 사람들로부터 좋은 평판을 듣고 싶어 한다. 예를 들어 앨버트가 어떤 특정 정치인이 부패했다는 이야기를 했고, 그런 다음 바버라가 앨버트의 말에 동조한다고 가정해 보자. 바버라가 그렇게 한 이유는 앨버트의 말이 옳다고 생각해서가 아니라 앨버트의 눈에 자기가 아는 게 없고, 정치인의 부패 문제에 무관심한 사람인 것처럼 보이고 싶지 않아서이다. 앨버트와 바버라가 나서서 그 정치인이 부패했다고 말한다면 신시

아는 이 두 사람의 말에 공개적으로 맞서지 않고 그들의 생각에 동조하는 것처럼 행동할 수 있다. 그녀가 그렇게 하는 것은 두 사람의 판단이 옳다고 생각하기 때문이 아니라 그들로부터 미움을 사거나 안 좋은 소리를 듣고 싶지 않아서다.

이런 과정을 통해 특수한 정보 폭포현상이 어떻게 만들어지는지를 쉽게 볼 수 있다. 이 문제에 있어서 앨버트, 바버라, 신시아 이렇게 세 사람이 일단 통일된 전선을 구성하고 나면 이들의 친구인 데이비드도 이들의 판단이 틀렸다고 생각하면서도 이에 맞설 생각을 주저하게 된다. 앨버트, 바버라, 신시아 세 사람은 같은 입장을 공유함으로써 자신들의 견해가 옳다는 정보를 스스로 만들어 내는 셈이 된다. 데이비드는 이 세 사람의 입장에 회의적이고, 또한 이들이 틀렸다고 생각할 수 있는 근거를 갖고 있으면서도 공개적으로 이들과 불화를 나타내겠다는 의사가 없다.

물론 동조화 폭포현상을 통해 진실에 대한 수렴이 이루어질 수도 있을 것이다. 부당한 회의를 품은 사람들이 스스로 입을 다물지 모른다. 그리고 이들이 아무런 근거도 없이 의구심을 가진 것이라면 입을 다문다 해도 크게 나쁠 것은 없다. 문제는 동조화 폭포현상이 거짓 루머의 확산에 기여하는 경우가 많다는 것이다. 특히 밀접한 관계로 이루어진 집단 안에서 움직이는 사람들과 고립된 집단 속에서 사는 사람들은 어떤 판단이나 입장이 대세로 등장할 경우 그게 옳다는 확신이 없어도 침묵해 버릴 가능성이 높다. 루머의 진위가 의심스럽고, 사실이 아니라는 생각이 들어도 자기가 속한 집단의 입장과 맞서고 싶지 않아서다. 그렇게 하는 가장 큰 이유는 사회적인 제재social sanctions를 피하기 위해서다. 극좌나 극우 집단에서는 아주 치밀하게 조직된 사회적 네트워크가 동조화 압력의 도움을 받아서 정치적 반대자들에 관한 치명적인 허위사실들을 수시로 유포한다.

집단이 실제로 결정을 내릴 때는 공개적으로 나타난 집단의 입장이 독립적인 정보를 토대로 내려진 독자적인 결정인지, 정보의 폭포현상에 의해 내려진 결정인지, 아니면 동조화 압력의 산물인지 가려내기란 물론 쉽지 않다. 우리는 많은 경우에 다른 사람이 하는 행동이 사회적 인 압력보다는 독자적인 정보에 근거한 것이라고 과대평가한다. 그 때문에 거짓 루머들이 자리를 잡게 되는 것이다. 물론 이런 경우에도 정보를 받아들이는 수용 문턱에 따라 큰 차이가 생겨난다. 예를 들어 블랑시는 침묵을 지키고 있다가 동조화에 대한 압력이 거세지면 그때서야 집단의 뜻에 따른다. 데이비드는 좀 더 쉽게 다중의 뜻에 따른다. 하지만 세상의 대부분이 데이비드 같은 사람들로만 구성되어 있다면 블랑시 역시 좀 더 쉽게 자기 뜻을 꺾을 가능성이 높다. 정보에 대한 티핑 포인트가 있듯이 동조화 압력에도 티핑 포인트가 있다.

3 집단 극단화 Group Polarization

같은 생각을 가진 사람들끼리 토론을 하면 거짓 루머가 자리를 잡는 경우가 많다.[26] 여기서 하려고 하는 설명은 사회적 폭포효과에 대한 설명과 중복되지만 둘의 작동 원리는 분명하게 구분이 된다. 이 문제에 대한 설명을 통해서도 우리는 왜 어떤 집단에게는 터무니없는 것으로 간주되는 루머들이 다른 어떤 집단에게는 확고한 사실로 받아들여지는지에 대한 이유를 알 수 있다.

기초 실험

2005년 여름에 콜로라도에서 민주주의에 관한 소규모 실험이 실시되었다.[27] 미국 시민 60명을 한데 모아서 6명씩 10개 집단으로 나누었다. 그리고 각 집단 구성원들에게 당시 가장 논란거리가 된 주제 가운데 하나인 '미국은 지구 온난화 방지를 위한 국제조약에 서명해야 할 것인가?'를 비롯해 몇 가지 주제에 대해 토론을 갖도록 했다. 이러한 문제에 답을 내놓기 전에 사람들에게 먼저 관련된 주제의 개략적인 내용들을 알려주었다. 그런 다음 기후변화가 날조된 주장인지, 국제조약에 서명하면 미국경제가 심각한 타격을 받게 되는 것인지, 미국에 닥칠 임박한 재앙을 피하려면 국제조약 체결이 필요한지 등과 같은 문제들을 놓고 먼저 논의를 하라고 시켰다.

실험을 준비하면서 각 집단을 '진보적인 집단'과

'보수적인 집단'으로 나누어서 구성했다. 진보 집단은 볼더 시민들, 그리고 보수 집단은 콜로라도 스프링스 주민들로 구성했다. 그렇게 해서 선거 용어로 부르면 다섯 개의 '푸른 주(민주당 지지)' 그룹과 다섯 개의 '붉은 주(공화당 지지)' 그룹으로 나뉘어졌다. 다시 말해 다섯 개 그룹의 구성원들은 기후변화에 대해 진보적인 입장을 갖고 있는 사람들이고, 다른 다섯 개 그룹의 구성원들은 기후변화에 보수적인 입장을 가진 사람들이었다. 그리고 15분에 걸친 그룹토의 전후에 각자 자신의 생각을 밝히도록 했다. 토론 뒤에 과연 어떤 일이 벌어졌을까?

결과는 간단하다. 거의 모든 집단에서 자기들끼리 토론을 가진 다음 구성원들이 갖고 있던 기존의 입장이 더 극단적으로 바뀌었다. 볼더 주민들 대부분은 토론 전부터 지구 온난화 문제를 해결하기 위한 국제조약의 필요성을 지지했는데 토론을 하고 난 다음에는 그러한 입장이 더 강화되었다. 콜로라도 스프링스 주민들 대부분은 토론을 갖기 전 조약 체결에 대해 어느 정도 회의적인 입장이었는데 토론을 하고 난 다음 반대 입장이 더 강화되었다. 이 실험은 그룹의 극단화를 증가시킨 것 외에 다른 독자적인 결과도 가져왔는데, 그것은 바로 진보 집단과 보수 집단 모두 자체 동질성이 더 강화되었다는 것이다. 그와 함께 집단 내부의 다양성은 질식되었다. 토론을 시작하기 전에는 '붉은 집단'과 '푸른 집단' 모두 상당한 수준의 내부 의견 불일치를 보였다. 그런데 불과 15분간의 토론을 가졌는데도 결과는 그러한 의견 불일치가 줄어든 것으로 나타났다. 익명으로 입장을 밝힌 경우에도 집단 구성원들은 토론을 하기 전에 비해 훨씬 더 많은 자체 컨센서스를 보였다.

토론을 하고 난 다음 진보 성향 주민과 보수 성향 주민들 사이의 간극은 더 벌어졌다. 그리고 토론 뒤 같은 생각을 가진 집단 구성원들 사이의 입장은 서로서로 상대의 입장에 동조하는 정도로까지 가까워졌다.

콜로라도 실험은 '집단 극단화'에 대한 사례 연구다. 같은 생각을 가진 사람들이 모여서 토론을 하면 대부분 토론 시작 전에 가졌던 성향과 같은 방향을 유지하되 더 극단적인 입장을 갖게 된다는 것이다.[28] 이 같은 집단 극단화는 인간 생활 도처에서 찾아볼 수 있다. 만약에 어떤 집단이 자신들의 국가 지도자를 범죄자로 생각한다든지, 어떤 기업의 사장이 비열한 자이고, 집단 구성원 한 명이 자신들을 배신했다고 생각하는 경우 구성원들이 모여서 이 같은 문제를 논의하고 나면 그러한 의심은 한층 더 강해진다. 이러한 실험 결과가 루머 유포의 경우에 갖는 의미는 간단하다. 집단 구성원들이 사전에 어떤 루머를 믿는 상태에서 내부 논의를 갖게 되면 그러한 논의는 루머가 사실이라는 믿음을 더 강화시켜 준다는 것이다. 이러한 사전 믿음은 어떤 막강한 권력자에 관한 가십을 포함해 특정한 주장에 대한 믿음일 수도 있고, 아니면 그 루머에 부합되는 보다 일반적인 내용에 대한 믿음일 수도 있다. 여기서 핵심 포인트는 내부 토론이 루머를 한층 더 강화시켜 준다는 점이다.

집단 극단화를 뒷받침하는 초기 실험들은 사회적 의사소통이 위험에 접근하는 사람들의 태도에 어떤 영향을 미치는지에 대해 보여주었다.[29] 예를 들어 직장을 옮기거나 해외 투자를 결정하고, 전쟁포로 수용소에서 탈출하거나 정치적인 자리에 출마하는 문제들을 놓고 고심하는 경우 등을 생각해 보자.[30] 집단 구성원들이 이 같은 문제들을 놓고 함께 토론하게 되면 이들은 짧은 시간의 집단 토론 뒤에도 위험을 감수하는 경향을 훨씬 더 강하게 나타낸다. 이러한 결과를 토대로 무작위로 추출한 사람들을 모아놓고 토론을 시키면 조직적인 '모험 이행' risky shift이 일어난다는 게 정설이다. 집단 토론이 가져오는 가장 주목할 만한 결과가 바로 이러한 모험 이행 현상이라는 것은 이미 오래 전부터 알려져 온 사실이다.

하지만 더 최근에 행해진 연구 결과들은 이러한 결론에 심각한 의문을 제기한다. 미국인들이 모험 이행 현상을 나타내 보인 것과 같은 질문들을 대만인들에게 던졌더니 '신중한 이행' cautious shift이 나타났다.[31] 앞서 소개한 주제들 대부분에서 대만인들은 집단 토의를 가진 다음에 토의를 갖기 전에 비해 훨씬 덜 모험적인 태도를 나타낸 것이다. 이 같은 신중한 이행은 대만인들에게만 국한된 게 아니었다. 미국인들 가운데도 집단 토의를 가진 뒤에 신중한 이행을 보인 경우가 더러 있었다. 모험을 싫어하는 사람들은 다른 사람들과 의견을 나눈 다음 한층 더 위험 회

피적인 태도로 바뀌었다.[32]

언뜻 보면 이 같은 결과는 서로 상충되는 것처럼 보이지만, 조금만 살펴보면 그렇지 않다는 것을 쉽게 알 수 있다. 토론 이전의 중간값이 이행의 방향을 예고해 주는 최고의 예보자였다.[33] 집단 구성원들이 처음에 모험 감수적인 경향을 갖고 있다면 이들은 모험 감수를 더 열렬히 받아들이는 쪽으로 이행해 갔다. 그리고 구성원들이 처음에 신중한 경향을 갖고 있다면 서로 토론을 한 다음에는 더 신중한 쪽으로의 이행을 보였다. 미국인과 대만인 실험 참가자들이 확연한 차이를 보인 것은 집단일 때 사람들이 어떤 행동을 보이는가 하는 문화적 차이의 산물이 아니다. 그 차이는 실험에 참가한 미국인과 대만인이 핵심 사안에 대해 토론 이전에 보인 중간값의 차이에서 기인한 것이다.[34] 따라서 모험 이행과 신중한 이행 모두 집단 극단화라는 일반 범주에 포함된다.

행동 실험에서 집단 극단화는 놀라우리만치 다양한 내용으로 나타나는데, 대부분이 루머의 전파에 직접적인 영향을 미친다.[35] 외모가 뛰어난 사람이 시청자 집단을 상대로 스크린에 비쳐지면 어떻게 보일까? 어떤 사람을 놓고 시청자 개개인이 외모가 좋다고 생각하는 경우, 집단적으로 보면 더 엄청나게 매력적인 외모를 가진 사람이라고 생각하게 된다.[36] (영화배우들이 이런 과정의 수혜자임은 두말할 필요도 없다.) 집단 극단화는 또한 (사해에 있는) 소돔은 해저 얼마 정도의 깊이에 위치하고 있을까와 같은 불명확한 사실 관계를 묻는 질문에서도 나타난다.[37] 심지어 도둑들도 범죄 모의를 할 때 신중한 방향으로의 이행 현상을 나타낸다.[38]

루머 유포의 구조를 이해하는 데 특히 도움이 되는 몇 가지 연구 결과가 있다. 집단들은 토론을 가진 다음에는 토론 이전에 비해 명백히 부당한 행동에 대해 항의하는 경향을 한층 더 높게 나타냈다.[39] 예를 들어 흑인에 대한 경찰의 가혹행위, 명백하게 부당한 전쟁, 지방 도시에서 자행된 성차별 행위 등 세 가지 사건에 대해 집단별로 나타난 각각의 반응을 살펴보자. 세 가지 경우 모두에서 토론은 집단 구성원들로 하여금 적극적인 항의 행위를 훨씬 더 지지하도록 만들었다. 집단 구성원들은 평화 행진에 대한 지지로부터 경찰서와 시청 앞 연좌농성과 같은 비폭력 시위를 지지하는 쪽으로 옮겨갔다. 흥미로운 점은 보다 극단적인 대응으로 이행하는 정도가 토론 이전에 가졌던 평균치와 연결되어 있다는 것이었다. 처음부터 강력한 대응을 지지한 사람들은 집단 토론을 한 다음 더 강한 대응을 지지하는 쪽으로 이행하는 폭도 더 컸다. 이 같은 결과는 이행의 폭은 평균적인 사람의 초기 입장 강도와 연결되어 있다는 식으로 정리될 수 있다.[40]

부당한 일이 자행되었다고 개별적으로 믿는 경우, 토론을 하게 되면 기존의 믿음이 더 강화되고 더 분노하게 된다.[41] 현실생활과 아주 흡사한 실험들을 했는데, 그 가운데 하나의 실험을 통해서는 사람들에게 예산 짜기, 회의 스케줄 잡기, 올바른 채널을 통해 전화 메시지 전달하기와 같은 통상적인 사무실 업무를 시뮬레이션으로 해보도록 시켰다. 업무 성적이 좋으면 금전적인 보상을 해주었다. 업무를 마친 다음에 사람들은 자기 상사들에게 피드백을 요구할 수 있도록 했다. 몇몇 상사는 답변이 불친절하고 공정하지 않았다. 예를 들면 이런 식이었다. "당신이 보낸 메시지는 읽지 않았다. 규정에 평가권은 내게 있다고 되어 있다.… 그래서 이 일과 관련해 또 메시지를 보내 나를 귀찮게 하지 않도록 해달라." 혹은 "열심히 했다면 좋은 점수를 받게 될 것이니 가만히 있으라."

그런 다음 실험 참가자들에게 자기 상사에 대해 공정성, 예의, 편견, 훌륭한 리더십 등의 항목을 놓고 평가를 해보라고 했다. 첫번째 개인별 평가는 비공개로 했다. 그러고 나서 집단 합의로 평가를 했다. 마지막으로 집단 평가를 먼저 한 다음에 개인별 평가를 비공개로 했다. 그랬더니 상사에 대한 집단 평가가 개인별 평균 평가보다 훨씬 더 부정적인 것으로 나타났다.

극단화는 왜 일어나는가?

집단 극단화가 어떻게 해서 루머를 강화시키고 확산시키는지를 이해하려면 같은 생각을 가진 사람들이 왜 극단으로 옮겨가게 되는지를 알 필요가 있다. 세 가지 이유를 들 수 있다.

첫째, 정보 교류가 기존의 믿음을 강화시켜 준다.

사람은 다른 사람들이 내놓은 주장에 반응을 보이는 경향이 있다. 그리고 모든 집단은 어떤 방향으로 기울어진 경향을 이미 갖고 있는 경우, 반드시 같은 방향으로 계속 기울어지게 된다.

어떤 루머를 믿는 경향이 있는 집단에 여러분이 속해 있다고 가정해 보자. 예를 들어 쇠고기를 먹으면 건강에 해롭다거나, 어떤 사람이 간통을 했다거나, 아니면 어떤 기업이 조만간 도산하게 될 것이라는 등의 루머이다. 그 집단 안에서 여러분은 그런 루머들을 뒷받침해 주고, 또한 그것을 믿도록 만드는 데 영향을 끼치게 되는 주장을 많이 듣게 될 것이다. 초기에 그런 견해들이 많이 유포되었기 때문에 그에 반하는 소리는 상대적으로 적게 듣게 된다. 여러분도 집단 토론에서 제기된 주장들 가운데 일부는 (전부는 아니더라도) 듣게 될 것이고, 그걸 듣고 나면 아마도 여러분도 쇠고기를 먹는 것은 해로우며, 그 사람이 간통을 한 건 사실이고, 그 기업은 도산할 것이라는 쪽으로 생각이 굳어지게 될 것이다. 그렇게 해서 여러분은 그런 주장을 뒷받침해 주는 루머들을 더 믿게 될 가능성이 높다. 만약에 여러분 자신은 좀처럼 남의 말에 영향을 안 받는 사람이라서 입장을 바꾸지 않는다 하더라도 동료 구성원들 대부분은 영향을 받게 될 것이다.

둘째, 사람은 증거가 뒷받침되면 자신의 견해에 더 확신을 갖는다. 그리고 확신이 커지면 더 극단으로 흐르는 경향이 있다. 확신이 부족한 사람 그리고 자신의 생각에 자신감이 없는 사람은 입장을 온건하게 가져가는 경향이 있다.[42] 확고한 입장을 갖고 있지 않고, 관련 정보도 없는 어떤 문제에 입장을 밝혀 달라는 부탁을 받았다고 가정해 보자. 예를 들면 어떤 정치인이 관련된 루머가 사실인지 여부에 대한 입장 같은 것이다. 그런 경우 여러분은 극단적인 입장은 피하려고 할 것이다. 어떤 입장을 취해야 할지 모르겠을 때 신중한 사람들은 대체로 양 극단의 중간 입장을 취하려는 경향을 보이는데 그것도 이런 이유에서다.[43] 하지만 만약에 다른 사람들이 여러분의 미숙한 입장에 동조하는 것 같으면 여러분은 그 사람들의 생각이 옳다는 확신이 더 강해질 가능성이 높다. 그렇게 되면 여러분은 좀 더 극단적인 방향으로 움직이게 된다.

다양한 실험을 통해 입증된 바에 따르면 사람들은 자기가 처음에 가졌던 견해가 다른 사람의 동조를 얻었다는 단순한 이유만으로도 더 극단화된다. 그것은 다른 사람이 자기의 입장에 동조한다는 사실을 안 다음 자신감이 더 커지기 때문이다.[44] 탄수화물 섭취를 안 하면 체중이 줄며, 9/11테러는 연출된 것이고, 이란은 전 세계적으로 심각한 위험 요인이라는 생각을 갖고 있는데 다른 사람들도 여러분과 같은 생각을 갖고 있다고 가정해 보자. 다른 사람들로부터 자신들도 그렇게 생각한다는 말을 듣고 나면 여러분의 입장은 더 확고해질 것이다.

여기서 특히 주목할 점은 확신이 커지면 극단주의가 심화되는 이러한 과정은 모든 참석자들에게 거의 동시에 일어나는 경우가 많다는 것이다. 예를 들어 네 명으로 구성된 어떤 집단이 국제조약 체결 문제와 관련해 중국의 의도를 불신하는 경향을 갖고 있다고 가정해 보자. 네 명 가운데 한 명은 유보적인 입장을 갖고 있었는데 나머지 세 명의 동조를 얻어 좀 더 확고한 입장으로 바뀌게 되었다. 그렇게 해서 네 명 모두가 자기 입장을 확인한 것 같은 느

낌을 받게 되고, 이후 더 극단적인 방향으로 나아간다. 이들이 겪은 내부 움직임은 다른 사람들에게도 일어난다(동조에서 확신으로, 확신에서 더 심한 극단으로 나아가게 되는 것이다). 하지만 참여자 개개인의 눈에는 이러한 과정이 보이지 않는다. 대부분의 사람들은 다른 사람에게서 나타나는 입장변화를 세심하게 관찰하지 않는다. 그렇기 때문에 다른 사람들이 아무런 망설임 없이 '정말로' 자신의 소신을 피력하는 것처럼 보인다. 그 결과 우리가 실험하는 소집단은 하루 동안의 토론 끝에 중국의 의도는 전혀 신뢰할 수 없다는 결론을 내리게 되는 것이다.

우리는 여기서 인터넷 상은 물론이고 일상생활에서 루머를 퍼뜨리고 다양한 종류의 움직임을 만들어 내는 일에 사회적 네트워크가 얼마나 중요한 역할을 하는지에 대해 한 가지 단서를 갖게 된다. 1940년대에 행한 아주 고전적인 연구 실험에서 하버드대 심리학자인 올퍼트Allport 교수와 포스트먼Postman 교수는 루머가 유포되기 위해 필요한 조건은 "남의 말에 영향을 잘 받는 사람들을 차례로 접촉하는 것"이라고 강조했다."[45] 사회적 네트워크는 극단화의 도구 역할을 할 수 있다. 사람들이 갖고 있는 기존의 입장을 확인하고 강화시키는 데 도움을 주기 때문이다.[46] 제2차 세계대전 당시 군 막사에서 다음과 같은 일이 있었다. "35세 이상의 모든 군인은 전역시켜 준다는 루머가 전광석화처럼 빠르게 번져 나갔는데, 그 루머는 그 나이에 해당되는 군인들 사이에서만 번졌다."[47]

한층 더 심각한 사례는 이슬람 테러리즘에서 찾아볼 수 있다. 같은 생각을 가진 이들이 자발적인 사회적 네트워크를 통해 루머를 퍼뜨리고 불만을 토로하면서 테러리즘을 부추기고, 그로 인해 폭력적인 결과를 나타낼 가능성이 높아지는 것이다.[48] 테러리즘 전문가인 마크 세이지먼Marc Sageman은 특정 단계에서는 "젊은이들 무리 안에서 이루어지는 의사소통이 단계별로 반향실 같은 역할을 하며 이들을 점진적으로 과격화시켜서 테러리즘 조직에 집단적으로 가담하도록 만든다. 이제는 이러한 과정이 온라인 상에서 이루어진다"고 했다.[49] 세이지먼이 예로 든 사례에 따르면 이 과정에서 가장 큰 힘을 발휘하는 것은 사람들이 수동적으로 정보를 받아 보는 웹사이트가 아니라

리스트서브, 블로그 그리고 토론방 같은 것들이다. 이런 도구들이 "극단화 과정에서 결정적인 역할을 한다"고 했다."[50]

지금까지 소개한 것은 루머가 난무하는 정치 분야의 사례들이고 다른 사례들도 얼마든지 있다. 똑같은 음식을 두고 어떤 지역에서는 건강에 아주 좋다며 즐겨 먹는데 다른 지역에서는 건강에 좋지 않다는 루머가 돌고 사람들이 아주 싫어한다. 이유가 무엇일까? 심리학자 요제프 헨리히Joseph Henrich는 "많은 독일인들은 체리를 먹은 다음 물을 마시면 아주 해롭다고 생각한다. 그리고 소프트 드링크에 얼음 넣는 것도 건강에 해롭다고 믿는다. 하지만 영국인들은 체리를 먹은 다음 냉수를 즐겨 마신다. 미국인들은 얼음처럼 찬 음료를 즐겨 마신다"고 했다.[51] 어떤 나라들에서는 국민의 압도적인 다수가 2001년 9월 11일에 일어난 테러가 아랍인들의 소행이 아니라고 생각한다. 포 리서치Pew Research 조사에 따르면 미국인의 93%는 아랍 테러리스트들이 세계무역센터를 폭파했다고 믿는 반면 쿠웨이트 국민들 가운데 그렇게 믿는 사람은 전체 인구의 11%

밖에 되지 않는다.[52]

마지막 요인은 사람들이 자신의 평판에 대해 갖는 우려가 극단화를 키운다는 사실이다. 사람들은 그룹 내 다른 구성원들로부터 호의적인 평가를 받고 싶어 할 뿐만 아니라 스스로도 자신을 호의적으로 평가하고 싶어 한다. 정도의 차이는 있지만 경우에 따라 사람들은 자신의 견해를 통해 자기 자신을 표현하려고 한다. 물론 자신이 남의 눈에 어떤 모습으로 비쳐질지에 대해 크게 신경을 쓰지 않는 사람들도 있기는 하다. 하지만 일단 남들의 생각이 어떤 것인지 알게 되면, 자기 입장을 조금이라도 바꾸어서 많은 이들이 따르는 주류의 방향으로 따라가는 사람들이 많다. 그것은 그동안 사람들로부터 듣고 있던 자신에 대한 평판을 고수하고 싶어서 그러는 것이다. 이런 식으로 사람들은 자기 마음속의 반대 생각을 스스로 억제한다. 그리고 다수의 의견에 동조하게 되는데, 실제로 생각하는 것 이상으로 열렬한 지지 의사를 나타내는 경우가 많다.

예를 들어 어떤 사람들은 공직자의 잘못된 행동에 대해 자기가 아무것도 모르거나 너무 순진한 생각을 갖고 있다는 취급을 받고 싶어 하지 않는다. 공직자의 부패 행위에 대한 루머를 사실이라고 믿는 사람들과 같은 집단에 속해 있는 경우에는 특히 더 그렇다. 그런 집단에 속해 있으면 우리는 자신의 생각을 다른 사람들의 입장에 꿰맞추려고 한다. 다른 사람들의 눈에 비겁하다거나 소심한 사람으로 비쳐지고 싶지 않아서 그렇게 하는 것이다. 다른 사람들이 하는 말을 듣고 나서 자기 생각이 그들과 약간 다르다는 것을 알게 되면 주류의 입장에 맞춰 생각을 약간 바꾸게 된다. 그렇게 하는 것은 다른 사람들이 자신을 어떤 식으로 봐주었으면 좋겠다고 하는 희망 때문이다. 그러한 입장 변화는 다른 사람들이 자신을 가장 우호적으로 볼 수 있게 하는 데 필요한 행동이다.

이런 현상은 사람들이 루머를 받아들이고 전파하는 데 있어서 대단히 큰 역할을 한다. 만약에 어떤 공직자가 부패 사건에 연루되었다는 루머를 듣게 되면 여러분은 그 사람에 대해 분노를 표시하게 되는데 그것은 정말로 분노해서라기보다는, 자신이 속한 집단의 구성원들이 갖고 있는 신념을 공유하고 있다는 것을 사람들에게 과시하기 위해서다. 그러다 보니 어떤 대의명분이나 사실에 대해 집단 구성원들이 개인적으로는 모두 의문을 갖고 있으면서도, 겉으로는 확고한 믿음과 지지를 나타내는 것처럼 보이는 기이한 일이 벌어지기도 한다.

편견

지금까지의 논의를 통해 우리는 다음과 같은 단순한 사실을 알게 되었다. 그것은 바로 루머는 정보의 폭포현상과 집단 극단화의 결과로 전파된다는 것이다. 드러난 사실이 단순하기 때문에 해결책 또한 간단할 것처럼 보이기도 한다. 사람들의 잘못된 인식을 바로잡으려면 이들이 균형 잡힌 정보에 노출되도록 필요한 조치를 취해 주면 될 것같이 보일 것이다. 인터넷 상에서 이러한 해결책을 쓰기는 아주 쉬워졌다. 거짓 사실도 순식간에 세상에 알려지지만, 진실

또한 그에 못지않게 쉽게 전파될 수 있게 되었다. 만약에 어떤 큰 기업이 곧 도산하고, 어떤 공직자가 끔찍한 비밀 사건에 연루되었다는 루머가 나돈다면 진실은 그렇지 않다는 것을 아는 사람들이 즉각 대응에 나설 수가 있다. 하지만 이 같은 해결 방법에는 심각한 문제가 도사리고 있다. 잘못된 신념을 갖도록 만든 바로 그 과정 때문에 사람들이 잘못을 바로잡는 일에 저항한다는 것이다. 왜 그렇게 되는지 이유를 한번 살펴보자.

우리는 정보를 중립적인 방식으로 처리하지 않는다.[53] 그렇기 때문에 거짓 정보에 대한 믿음은 바로잡기가 매우 어렵다. 예를 들어 지구는 평평하고 다윈의 진화론은 틀렸으며, 1950년대 네바다 주 로스웰에 실제로 외계인이 착륙했다고 확신하는 사람은 그런 믿음을 쉽게 바로잡으려고 하지 않는다. 심지어 균형 잡힌 정보를 접하고서도 실제로는 자신이 갖고 있는 기존 인식에 대한 확신을 더 키우는 경우도 있다.[54] 더 고약한 것은 잘못된 인식을 바로잡아 주려는 노력이 기존 인식에 대한 사람들의 믿음을 오히려 더 강화시킨다는 것이다.[55] 그렇게 되면 거짓을 바로잡는 일은 실패할 수밖에 없게 된다. 예를 들어 어떤 기업이 회사가 어렵다는 거짓 루머를 바로잡기 위해 노력하면 할수록 그런 루머를 믿는 사람은 더 늘어난다. 그리고 인기 영화배우건 평범한 이웃사람이건 불문하고 만약에 어떤 사람이 탈세를 했다거나 아내 몰래 바람을 피웠다는 인터넷 루머를 바로잡기 위해 맞서 싸우면 결국 그 루머를 믿는 사람만 더 늘어나게 된다.

이런 문제에 대한 초기 연구에서는 사형제에 관한 논란, 특히 사형제가 흉악범죄를 억제하는 데 도움이 되느냐 하는 논란을 다루었다.[56] 먼저 사람들에게 사형제가 범죄 억제 효과가 있다는 주장을 지지하는 연구 결과와 그렇지 않다는 연구 결과를 여러 편 읽도록 했다. 그 밖에 여러 관련 데이터와 논평, 반박 자료들도 함께 보여주었다. 사람들이 이런 모든 정보를 다 읽고 나서 내린 결론이 어땠을까? 찬반 주장과 관련 증거를 모두 읽어 보았기 때문에 사형제 찬성론자와 반대론자 모두 중간 입장으로 다가갈 것이라는 예상을 할지도 모르겠다. 찬성론자들은 합리적인 사람들이 사형제가 범죄 억제효과가 있다는 주장을 믿지 않는다는 사실을 목격하게 될 것이고, 반대론자들은 합리적인 사람들이 억제효과가 있다는 주장에 동조한다는 사실을 보게 될 것이다. 그래서 여러분은 양쪽 집단 모두 상대방을 보면서 배우는 바가 있을 것이고, 그래서 보다 온건한 입장을 취하게 될 것이라는 기대를 할 수도 있을 것이다. 만약 그런 기대를 했다면 여러분의 예상은 틀렸다.

여기서 드러난 가장 핵심적인 사실은 사형제 찬성론자와 반대론자 모두 자신의 생각에 위배되는 연구 결과는 제쳐놓고 자기 생각을 뒷받침해 주는 연구 결과에 의해 더 큰 확신을 갖게 되었다는 점이다. 양측 모두 반대 주장을 읽고 난 다음에 읽기 전부터 갖고 있던 생각이 더 확고해졌다고 대답했다. 간단히 말해 사람들은 균형 잡힌 정보를 접하게 되면 이전에 가졌던 믿음이 더 강해졌다. 그러면서 사형제 찬성론자와 반대론자 사이의 양극화는 더 심화되었다.

적어도 단기간은 찬성론자와 반대론자 모두 자기 생각에 배치되는 증거 자료들을 보고 영향을 받은 게 사실이다. 하지만 이들은 비판과 반박자료를 보고 난 뒤 시간이 지나며 원래 갖고 있던 입장으로 되돌아가거나 혹은 더 강경해졌다. 결론적으로 사형제 찬성론자와 반대론자들이 균형 잡힌 증거들을 접하고 난 뒤 실제로 양측의 입장차는 더 커졌다.

이 같은 현상은 '편향 동화' biased assimilation 라는 별로 달갑지 않은 이름으로 불린다. 사람들이 자신이 이미 갖고 있는 편향된 입장에 맞게 정보를 처리한다는 것을 의미하는데 여러 분야에서 볼 수 있는 현상이다.[57] 예를 들어 성적 취향sexual orientation은 유전적인 요인에 의한 것인가, 그리고 동성 커플이 좋은 부모가 될 수 있는가와 같은 문제를 한번 생각해 보자. 우호적인 정보와 비우호적인 정보를 모두 접한 다음 내려지는 결론은 다음과 같이 분명하다. 사람들이 갖고 있는 기존의 신념은 더 확고해지고, 동성애 문제에 대한 입장의 양극화는 더 심화된다.

루머의 확산과 관련해 우리는 다음과 같이 명확한 교훈을 알게 되었다. 어떤 사회적 집단의 구성원들이 주식시장이 조만간 폭락한다는 믿음을 갖고 있다고 가정해 보

자. 이들은 루머를 뒷받침해 주는 자료와 루머와 상반되는 자료를 모두 접했다. 결론은 이들의 원래 갖고 있던 믿음이 더 강화되었을 가능성이 매우 높다. 인터넷 상에서는 이 같은 과정이 일상사처럼 일어난다. 루머를 믿는 사람들은 무슨 수를 써 봐도 루머에 대한 믿음이 더 강해질 뿐이다. 그 루머들의 사실 여부에 대해 아무리 균형 잡힌 토론이 진행되는 것을 지켜보더라도 사정은 마찬가지다. 균형 잡힌 정보로는 거짓 루머를 바로잡도록 유도할 수 없다는 게 여기서 얻을 수 있는 제일 중요한 교훈은 아니다. 더 중요한 것은 편향 동화가 작용하는 경우에는 균형 잡힌 정보가 사람들로 하여금 루머에 대해 더 강한 믿음을 갖도록 유도한다는 것이다. 거짓 루머라도 사정은 마찬가지다. 어떤 경우에 이런 일이 일어나는지에 대해 간단하게 설명해 보겠다.

루머 교정의 어려움

거짓 루머가 확산되면 그것으로 인해 상처받는 사람들은 균형된 정보를 원하는 정도가 아니라 거짓 루머를 바로잡으려고 할 것이다. 이러한 바로잡기가 성공을 거두는 경우도 많이 있다. 예를 들어 2008년 미국 대선에서 오바마 후보측은 '파이트 더 스미어스' Fight the Smears라는 이름의 웹사이트를 개설하고 이를 통해 거짓 루머를 색출해서 몰아냈다. 이 전략이 성공을 거둔 데는 그럴 만한 이유가 있는데 그 가운데 하나는 이 웹사이트가 일종의 '독약' 을 만들었기 때문이다. 다시 말해 당시 상원의원이던 오바마에 관한 거짓 루머가 있으면 '비방'이라는 딱지를 붙여서 신뢰감을 잃게 만들었던 것이다. 그렇게 해서 사람들은 끔찍한 루머를 들으면 '비방'이라고 생각할 수 있게 되었다.

다른 많은 웹사이트를 통해서도 인터넷 루머들을 모아서 거짓 루머와 사실을 구분해냈다. 이런 방법이 얼마나 효과를 거두는지에 대해 알 수 있는 조직적인 증거는 없지만, 많은 사람들이 이를 통해 어떤 루머가 거짓인지 알게 되었을 가능성이 높다. 인터넷에 대해 긍정적인 생각을 가진 사람들은 웹상에서는 거짓 루머가 쉽게 소통되기도 하지만, 거짓 정보를 바로잡기도 그만큼 쉽다는 점을 강조한다.

이런 긍정적인 견해가 옳은 경우는 추후 다시 살펴보기로 하고 지금은 한 가지 중요한 사실을 먼저 살펴보기로 한다. 그것은 바로 사람들이 갖고 있는 잘못된 생각을 바로잡아 주려는 행동은 효과를 거두기 힘들 뿐만 아니라 실제로는 잘못된 생각을 더 강화시켜 놓는다는 것이다.[58] 예를 들어 존슨 상원의원이 뇌물을 받았다는 거짓 루머가 광범위하게 유포되어 있다고 가정해 보자. 존슨 의원 지지자들은 그 루머를 믿지 않는 반면 그를 싫어하는 사람들은 루머를 믿는다. 그런 시점에 신뢰할 만한 뉴스 기사가 보도되어서 거짓 루머의 내용을 바로잡았다. 존슨 지지자들은 기쁜 마음으로 바로잡힌 사실을 강조하며 거짓 루머가 근거 없다는 점을 부각시켰다. 하지만 존슨을 싫어하는 사람들은 전혀 입장 변화를 보이지 않았다. 실제로 그들은 자신들이 처음에 생각한 게 맞다는 확신을 더 강하게 가질 가능성이 있다.

이러한 현상과 관련해 매우 흥미로운 실험이 2004년에 실시되었다. 진보주의자와 보수주의자들 모두에게 이라크에 대량살상무기WMD가 실제로 있는지에 대해 묻는 실험에 참가해 달라고 부탁했다(이라크가 대량살상무기를 보유하고 있다는 루머는 근거 없는 거짓 주장으로 드러났기 때문에 아주 적절한 실험이었던 셈이다). 실험 참가자들에게 "이라크가 WMD 프로그램을 가동 중이며, WMD를 생산할 능력이 있고, 이미 WMD를 대규모로 보유하고 있다"[59]는 주장을 들려준 다음 이에 동의하는지 여부를 '매우 그렇게 생각함' 에서부터 '전혀 그렇게 생각하지 않음' 에 이르기까지 5단계로 표시하라고 했다. 그런 다음 참가자들에게 부시 대통령이 "사담 후세인이 대량살상무기와 제조 물질, 제조 관련 정보를 테러리스트 조직에게 넘겨줄 매우 실제적인 위험이 있다"고 주장하며(부시 대통령이 이런 주장을 한 것은 사실이다) 이라크 전쟁의 당위성을 역설하는 가짜 기사를 보여주었다.[60] 실험 참가자들에게 이 기사를 보여준 다음 이라크가 대량살상무기를 보유하고 있다고 한 부시 행정부의 주장이 틀렸음을 보여주는 듀얼퍼 보고서Duelfer Report를 보여주었다. 두 가지 자료를 모두 읽은 참가자들에게 원래 제시했던 주장을 다시 한번 들려 주고 그에 대한 동의 여부를 5단계로 표시하라고 했다.

이라크가 테러리스트들에게 이러한 무기들을 넘길 가능성이 있다고 한 부시 대통령의 경고 내용을 바로잡는 듀얼퍼 리포트가 부시 대통령의 주장에 대한 사람들의 믿음에 어떤 영향을 미쳤을까? 답변 내용은 참가자들의 이데올로기에 크게 좌우되었다. 진보주의자들은 부시 대통령의 주장에서 더 멀어졌다. 대부분의 진보 성향 실험 참가자들은 이미 강력한 불신 의사를 밝힌 바 있기 때문에 이 같은 변화는 사실 크게 중요한 것은 아니다. 하지만 자신을 보수주의자라고 밝힌 참가자들 사이에서는 부시 대통령의 주장에 '동조하는' 방향으로 중대한 변화가 일어났다. 실험을 수행한 사람들의 말을 그대로 전하면 이렇다. "소문을 바로잡은 것이 반발을 샀다. 이라크가 WMD를 보유하고 있지 않다며 루머 내용을 바로잡는 자료를 접한 보수주의자들은 한층 더 강경하게 이라크의 WMD 보유 주장을 믿었다."[61] 루머 바로잡기는 실패했을 뿐만 아니라 오히려 극단화를 초래하는 결과를 낳아 이전보다도 사람들을 더 첨예하게 갈라놓았다.

이러한 일반적인 현상은 독립적인 연구결과를 통해서도 입증되었다. 사람들에게 세금을 줄이면 경제성장을 매우 효과적으로 촉진시켜 실제로는 정부의 세수를 늘려준다는 주장을 평가해 보라고 부탁했다. 그런 다음 응답자들에게 이러한 주장이 틀렸음을 보여주는 뉴욕타임스나 폭스뉴스 기사를 보여주었다. 기사를 읽고 난 다음 응답자들의 태도는 자신들이 갖고 있던 원래의 입장을 더 강화하는 쪽으로 변했다. 감세가 정부의 세수를 증가시켜 주지 않는다는 주장의 증거가 되는 언론 보도를 읽은 보수주의자들은 그 언론 보도를 읽지 않은 보수주의자들보다도 세수가 증가된다고 생각하는 당초의 입장이 더 강경해졌다.

진보주의자들 역시 이러한 영향에서 자유롭지 못했다. 많은 진보주의자들이 부시 대통령이 줄기세포 연구를 금지시켰다고 잘못 믿고 있었다. 그게 사실이 아님을 보여주는 뉴욕타임스와 폭스뉴스의 보도 내용을 접하고서도 진보주의자들은 이전에 믿던 내용을 계속 고수했다. 반면에 보수주의자들은 줄기세포와 관련해 잘못을 바로잡아 준 언론의 보도 내용을 믿었다. 따라서 언론 보도를 통한 오류 바로잡기는 극단화를 더 증가시키는 결과를 낳았다. 놀랄 일은 아니지만 주목할 만한 사실은 오류를 바로잡는 내용의 보도가 뉴욕타임스 보도냐 폭스뉴스 보도냐에 따라 결과가 달라졌다는 점이다. 보수주의자들은 뉴욕타임스 보도를 더 불신했고, 진보주의자들은 폭스뉴스 보도를 더 불신했다. 그 다음 오류를 바로잡는 보도에 대한 신뢰성이 큰 영향을 미친다는 사실이 제기되었다. 이 문제는

나중에 다시 다루기로 한다.[62]

개략적으로 결론을 내리면 자명하다. 거짓 루머가 유포되는 경우 이를 바로잡기 위한 노력은 도움이 안 되고 오히려 역효과를 가져올 수 있다는 것이다. 일단 폭포현상을 통해 거짓 정보가 유포되고, 집단 극단화로 거짓 루머에 대한 믿음이 자리잡고 나면 사실을 가지고 이를 바로잡으려는 노력은 실패할 가능성이 높다. '생각의 시장' marketplace of ideas 개념이 완전히 무용지물이 되는 일은 없겠지만, 제대로 작동되지 않는 경우들이 있다는 점은 인정할 수밖에 없을 것 같다.

기존의 확신과 믿음

그러면 이러한 연구 결과들을 어떻게 설명할 수 있을까? 균형 잡힌 정보는 도대체 언제 도움이 되는 것인가? 오류 바로잡기는 어떤 때 효과를 낼 수 있는 것인가?

사람들이 정보를 처리할 때는 자신의 감정과 기존의 편견에 영향을 받는다는 사실을 알게 되었다. 예를 들어 사람들은 신차를 구입하고 나면 그 차에 대한 정보를 더 찾아본다. 도요타 캠리 하이브리드를 구입하게 되면 그 차에 대한 추가 정보를 읽어 보고 싶어 하는 것이다. 이에 대한 가장 확실한 설명은 사람들이 자기가 새로 산 차에 대해 더 알고 싶어서 그러는 것이 아니라, 자신이 올바른 결정을 내렸는지에 대한 확신을 얻고 싶어서 그렇게 한다는 것이다.

편향 동화는 부분적으로 인지 부조화cognitive dissonance를 줄이고 싶어 하는 희망 때문에 일어난다.[63] 우리는 들으면 기분 좋을 정보는 찾아서 믿고, 들어서 기분 나쁠 정보는 회피한다. 어떤 루머는 들어서 기분 좋고, 어떤 루머는 기분은 썩 좋지 않지만 짜릿한 흥분과 긴장감을 안겨 준다. 사람들은 보통 이런 루머들은 믿는 경향이 있다. 분노를 자아내는 루머들도 이런 이유 때문에 믿는 경우가 있다. 화가 나 있을 때 그런 루머를 들으면 자신의 분노에 근거가 있다는 생각이 들어 위안을 받는다. 사람들은 또한 들어서 기분 나쁘고, 사람을 놀라게 만들기도 하는 루머는 거짓이라고 믿는 경향이 있다.

사형제 폐지와 동성애 문제에 관한 연구 결과도 이런 점을 염두에 두고 살펴보면 가장 이해가 잘된다. 사람들이 편향된 동화현상을 나타내 보일 때는 보통 동기 요인들이 작용한다. 사람들은 자기가 믿고 있는 내용에 부합되는 주장은 믿고 싶어 하고, 그렇지 않은 주장은 불신하려는 경향을 보인다는 연구 결과가 있다고 해도 놀랄 일이 아니다. 사회과학자들이 '불인정 편향' disconfirmation bias이라고 부르는 현상도 이런 점에서 살펴보자. 불인정 편향이란 자기가 믿고 있는 사실과 일치하지 않는 주장에 대해 인정하지 않으려는 동기가 강하다는 것을 말한다. 우리가 내리는 판단에 동기가 개입되어 있다면 왜 균형 잡힌 정보가 우리가 갖고 있는 기존 신념을 강화하는 역할밖에 하지 못하는지 이해하기 쉬워진다.

하지만 이런 설명은 전체의 일부에 불과하다. 나머지 부분을 제대로 파악하기 위해 먼저 사회가 합리적인 집단과 비합리적인 집단의 두 부류로 구성되어 있다고 가정해 보자. 두 집단의 구성원들 모두 기존의 강한 신념을 갖고 있다. 합리적인 집단의 구성원들이 특정 견해에 대해 강력한 신뢰를 보인다고 가정해 보자. 예를 들어 홀로코스트는 실제로 일어났고, 알카에다가 9/11을 일으켰으며, 대통령은 공산당 스파이가 아니라고 확신하는 것이다. 그리고 이들이 이 세 가지 문제에 관해 균형 잡힌 자료들을 읽는다고 가정해 보자.

합리적인 사람들이 볼 때 자신들의 기존 입장을 뒷받침해 주는 자료들은 단순히 무엇을 확인해 주는 것 이상이다. 그 자료들은 합리적인 사람들에게 이전에 갖고 있던 생각을 더 강화시키도록 해주는 다양한 사실들을 제공해준다. 반면에 이들이 갖고 있던 기존의 생각에 배치되는 자료들은 신빙성이 없고, 일관성이 없으며, 동기가 불순하고, 어떻게 보면 미친 소리같이 보이게 된다. 그렇게 해서 합리적인 사람들이 기존에 갖고 있던 믿음은 더 강화된다. 이들은 자신들의 신념을 뒷받침해 주는 새로운 사실은 알게 되었지만, 기존의 생각을 약화시키는 사실은 새로 알게 된 게 전혀 없는 것이다.

물론 비합리적인 사람들이 모인 집단에서는 이와 반대되는 패턴이 관찰될 것이다. 이들은 처음부터 홀로코스트 같은 건 아예 없었고, 9/11의 배후는 미국이며, 대통령은 공산당 스파이라고 믿고 있다. 비합리적인 사람들이 보일 패턴을 이해하기 위해서 이들의 동기가 무엇인지에 대해서 이야기할 필요는 없다. 이들이 갖고 있던 기존의 신념이 새로운 정보를 접했을 때 어떠한 영향을 미치는지만 지적해 주면 되기 때문이다. 합리적인 집단과 비합리적인 집단 모두 자신들이 생각하는 사실에 대해 감정적으로 몰두하지 않고 기존 지식의 바탕 위에서 새로운 정보를 단순히 읽기만 한다고 가정해 보자. 그렇게 하더라도 이들은 편견을 갖고 정보를 처리한다.

이 간단한 설명을 통해 우리는 편향 동화가 언제 어떤 식으로 일어나는지 알 수 있다. 여기에는 기존의 강력한 신념과 편향된 믿음이라는 두 가지 전제조건이 작용하고 있다. 믿음이 약해 양쪽에서 하는 말이 모두 그럴듯하게 들릴 때 사람들은 읽고 듣는 자료에서 도움을 구한다. 예를 들어 나노기술에 대해 뚜렷한 입장을 갖고 있지 않지만, 나노기술이 인체에 심각한 위험을 초래한다는 루머를 듣고 있는데 누군가가 다가와서 그 루머가 거짓이라는 말을 했다고 치자. 만약에 그동안 들은 루머에 대한 믿음이 확고하지 않다면 균형 잡힌 정보를 접한 직후 여러분의 믿음은 약화될 것이다. 그리고 루머와 루머를 부정하는 두

가지 정보 소스를 모두 신뢰한다면 여러분은 어느 특정한 견해를 지지하는 사람들에 대해서도 틀렸다거나 편향되었다고 폄하하지 않을 것이다. 하지만 이와 달리 합리적인 사람이건 비합리적인 사람이건 우리는 어떤 사람은 믿고, 어떤 사람은 불신한다. 만약 어떤 주제에 대해 찬반 양론과 관계되는 자료를 모두 읽는 경우 사람들은 자기 입장과 같은 쪽 자료는 받아들이되 입장이 다른 쪽 자료는 아예 믿지 않는다. 이건 별로 놀라운 현상도 아니다.

여기서 일반적이지만 아주 중요한 교훈을 하나 얻을 수 있다. 그것은 바로 우리가 기존의 신념을 바꾸게 되는 것은 그 신념에 적대적이거나 반대하는 사람들 때문이 아니라 우리와 의견이 같은 사람들 때문인 경우가 많다는 사실이다.[64] 여러분이 공화당원인데 어떤 민주당 소속 공직자에 관한 아주 좋지 않은 루머를 들었다고 가정해 보자. 민주당원들이 그 루머를 부정한다고 해도 여러분의 입장은 흔들리지 않을 것이다. 하지만 공화당원들이 그렇게 한다면 생각을 다시 해보게 될 것이다. 빌 클린턴 대통령 탄핵재판이 진행되는 도중에 탄핵에 반대하는 사람들은 의회와 로스쿨에 있는 저명한 공화당원들을 찾아 탄핵에 반대 의견을 제시해 주도록 엄청나게 공을 들였다. 하지만 흥미롭게도 이들을 이용한 노력은 별 성과를 거두지 못했다. 2008년 대선 때 오바마 진영에서 부시 대통령 때 국무장관을 지낸 콜린 파월과 레이건 대통령 때 법무차관을 지낸 찰스 프리드 같은 공화당 유명 인사들의 지지를 잘 활용한 것도 놀랄 일이 아니다. 루머를 잠재우는 좋은 방법 가운데 하나는 그것을 믿을 것 같은 사람이 실제로는 믿지 않는다는 점을 부각시켜 보여주는 것이다.

이제는 허위 사실을 바로잡는 노력이 언제 그리고 왜 반드시 실패하고 마는지에 대해 한번 살펴볼 때가 되었다. 비합리적인 사람들이 홀로코스트가 실제로 일어난 사건이 아니며, 9/11 테러 책임은 미국에 있다고 믿는다고 치자. 틀린 사실을 바로잡아 주는 정보를 읽게 되면 이들은 일단 회의적인 반응을 다양하게 나타낼 것이다. 첫째, 바로잡는 내용은 이들을 화나게 만들어서 방어적인 입장을 취하게 만들 수 있다. 그렇게 되면 이들은 일단 인지 부조화를 일으키면서 기존의 믿음에 더 강하게 집착하게 될 것이다. 두번째로는 비합리적인 사람의 입장에서 보면 내용 수정을 한다는 것 자체가 자기들이 믿는 게 사실임을 보여주는 증거라는 생각을 갖게 될 것이다. 무언가 흑막이 없다면 왜 굳이 힘들게 내용을 수정하려고 드는 거지? 라고 생각하는 것이다. '수정'을 강하게 요구할수록, 원래 알려진 내용이 사실임을 반증하는 것이라고 생각한다. 셋째, 수정 요구는 사람들의 관심을 논란이 되는 주제에 모이게 만들고, 관심의 초점이 되는 것 자체만으로도 기존 입장에 대한 믿음을 강화시켜 준다.

사람들은 이전에 조금 두렵다고 생각했던 사실에 대해 두려워할 필요가 전혀 없다는 정보를 접하게 되면, 두려움이 오히려 더 커지는 경우가 많다는 게 정설이다.[65] 이런 이해하기 힘든 사실을 가장 잘 설명해 주는 논리는 위험에 관심을 집중하면 두려움이 더 커진다는 것이다. 그 위험이 실제로는 별것 아니라는 점을 알게 되더라도 결과는 마찬가지다. 거짓 보도 내용을 바로잡는 경우도 사정은 마찬가지다. 실제로 일어날 가능성이 없다 해도 위험에 대해 생각하면 무서워진다. 사람들은 만약에 자기가 앞으로

5년 안에 심장마비로 죽을 가능성이 100분의 1이 된다거나, 자기 아이가 백혈병에 걸릴 확률이 1000분의 1이 된다고 해도 그런 말을 들으면 기분이 영 좋지 않다. 허위 보도를 바로잡는 것 역시 마찬가지일 것이다. 그런 보도 내용에 관심이 커지면서 사람들은 허위 보도된 일이 실제로 일어났을 것이라는 믿음이 더 커지게 되는 것이다.

거짓 루머의 내용을 바로잡는 게 불가능하지 않은 경우에 대해 알아보자. 만약에 듣는 사람들이 거짓 내용을 받아들일 강한 동기를 갖고 있지 않은 경우, 그리고 그런 내용에 대해 기존에 알고 있는 지식이 미미하거나 아예 없는 경우, 그리고 거짓 내용을 바로잡아 주는 사람에 대한 신뢰가 큰 경우에는 내용 수정을 통해 거짓 루머를 몰아내는 일이 가능할 것이다.

이제는 왜 많은 루머들이 급속히 사라지는지에 대해서 알 수 있을 것이다. 2008년 선거에서는 버락 오바마에 대한 많은 악성 루머들이 별 충격도 주지 못하고 그냥 사라져 버렸는데 그것은 루머를 듣는 사람들이 소문이 사실일 것이라고 믿는 기존의 신념이 약한 반면, 거짓 루머를 바로잡는 사람들에 대해서는 믿음이 컸기 때문이다. 왜 어떤 루머는 집요하게 남아 있는지도 같은 맥락에서 이해할 수 있다. 사람들이 그 루머를 믿으려는 동기를 강하게 갖고 있고, 기존의 믿음이 확고한 경우가 바로 그렇다. 이런 경우에는 루머를 바로잡으려는 노력이 수포로 돌아가고 만다. 어떤 사회에서는 백인 의사들이 에이즈를 전파시켰고, 9/11 테러의 책임은 미국에 있다는 식의 루머가 매우 강한 호소력을 갖고 있어서 뿌리 뽑기가 매우 어렵다. 그런가 하면 또 어떤 사회에서는 그런 루머를 쉽게 바로잡을 수 있다. 친구건 이웃이건, 일반적인 영역이나 공적인 영역에 속한 사람들과 관련된 루머의 경우도 사정은 마찬가지다.

루머는 기본적으로 두려움에 의해 끌려가는 '무서운 루머'와 희망에 의해 끌려가는 '희망 루머'로 구분된다. 이 두 경우는 루머를 전파하고 그것을 받아들이는 사람이 기존에 갖고 있는 믿음과 각자 관련성이 있다.[66] 많은 사람이 이슬람 테러리스트들을 두려워한다. 그래서 이들이 곧 테러공격을 감행할 것이라는 루머를 들으면 믿는 경향을 보인다. 또 어떤 사람들은 투자에 대해 아주 낙관적인 희망을 갖고 있다. 그래서 이들은 그와 관련된 루머를 믿는 경향을 보인다. 이들이 갖고 있는 두려움과 희망이 이들로 하여금 서로 다른 루머를 받아들이도록 만드는 것이다. 왜 집단에 따라 서로 다른 믿음을 갖게 되는지에 대한 이유를 알기 위해서는 어떤 집단에게는 무서운 루머가 다른 집단에게는 희망적인 루머가 될 수 있다는 사실을 이해하는 게 중요하다. 물론 처음에 루머를 만들어 내서 퍼뜨리는 루머꾼들은 어떤 사람들이 루머에 반응을 보일지 제대로 알고 있는 경우가 많다. 실제로 이들이 무서운 루머이건 희망적인 루머이건, 어떤 루머를 유포하기로 결정하는 것은 사람들이 어떤 반응을 보일지에 대해 미리 알고서 할 가능성이 높다. 여기서 한 가지 흥미로운 사실은 어떤 사람들의 경우에는 무서운 루머가 곧 희망적인 루머가 되기도 한다는 것이다. 예를 들어 정적이 비밀리에 불법적인 계획을 획책하고 있다는 소문을 듣거나, 여러분이 아주 싫어하는 어떤 상원의원이 아주 끔찍한 언행을 했다는 소문을 듣는 경우에 유쾌한 기분이 들 수 있는데 그것은 그 소문들이 여러분이 갖고 있는 기존의 믿음을 확인해 주기 때문이다.

사람들이 무슨 말을 하고 어떤 행동을 하는지 알아내기는 점점 더 쉬운 일이 되고 있다. 그래서 루머꾼들은 과거에는 비밀 정보였거나 최소한 공개되지 않았던 정보를 그 어느 때보다도 쉽게 알아내고, 또한 그렇게 얻은 정보를 왜곡해서 거짓 루머, 남에게 피해를 입히는 루머를 만들어 내고 있다. 예를 들어 존스씨는 순간적인 말실수로 여성보다는 남성이 더 우수한 과학자 기질을 타고난다는 말을 했다. 본심은 아니었지만 어쨌건 그런 말을 한 건 사실이었다. 그런데 그 어리석은 발언이 인터넷에 올라 여러 사람의 눈에 존스씨는 이러이러한 사람이다라는 식으로 비치도록 했다. 특히 특수한 사회적 네트워크 안에서 사람들이 어떤 반응을 나타낼지 미리 안다면 루머꾼들은 자기 의도대로 루머를 얼마든지 유포시킬 수가 있다. 만약 그러한 네트워크 안에 있는 사람들이 어떤 두려움과 희망을 갖고 있다는 것을 안다면, 그 두려움과 희망을 이용해서 의도한 정보를 사실인 양 간단하게 퍼뜨릴 수가 있다. 사람들은 그렇게 퍼뜨린 루머에 대해 확고한 믿음을 갖게 된다.

사람과 집단, 국가들이 어떤 상황 아래서 거짓 루머를 받아들일 가능성이 높은지 이제 더 잘 이해되었을 것이다. 사람들이 기존에 갖고 있는 동기나 지식 때문에 특정한 루머에 대해 더 믿음을 갖게 되는 상황을 가정해 보자. 그렇게 되면 거짓 사실이 급속히 퍼지게 되고, 일단 널리 유포된 다음에는 그러한 믿음을 포기하도록 만들기가 어렵게 된다. 사회적 여건과 정보의 유포의 관계에 대해서 한 가지 더 언급할 것이 있다. 사회적 여건이 나쁘면 루머는 내용의 진위에 관계없이 들불처럼 번지는 경향이 있다. "사회적 고통 상황 아래서 루머는 활발하게 움직이며, 장기간 어려운 시기를 겪은 사람들은 루머를 믿고 퍼뜨리는 경향이 있다"는 것은 알려진 사실이다. 지속적인 공습 하에 놓인 사람들, 장시간 전염병에 시달리며 살아남은 사람들, 점령군과 맞서 지낸 점령지 주민들, 장기간의 전쟁에 지친 국민들, 집단수용소에 갇혀 지내는 수감자들, 인종갈등을 겪는 지역의 주민들이 이런 경우에 해당된다.[67]

이런 상황들은 사람들이 거짓 루머를 받아들일 동

기를 갖고 있는 경우들이다. 그리고 이런 상황 아래서는 사람들이 기존에 갖고 있는 지식이 거짓 루머를 받아들이지 않도록 해주는 차단 기능을 거의 하지 못한다. 아주 극심한 고통이 만연해 있지 않은 경우에도 분노와 괴로움, 공포를 느끼는 사람들이 있다. 또한 다양한 사회에서는 어떤 집단은 긴장 속에 살며 고통을 느끼는 데 반해 또 어떤 집단은 그렇지 않은 경우를 볼 수 있다. 전자의 경우는 루머를 받아들이기에 좋은 상황이 되는 반면 후자의 경우는 그렇지 않다.[68]

최근의 예로 2005년 이라크에서 일어난 비극적인 사건을 들 수 있다. 전쟁의 참화에 시달린 지역이 겪는 사회적 고통과 공포, 불안감은 거짓 루머가 자리잡기에 비옥한 토양이 되었다. 미군의 침공 후 이라크에서 하루에 일어난 가장 큰 인명 손실은 폭탄에 의해서가 아니라 거짓 루머와 관련된 정보의 폭포현상에 의해 일어났다. 2005년 8월 31일, 바그다드 시내 티그리스강을 잇는 알아이암마 다리를 건너는 사람들 사이에 다리에서 자살폭탄이 곧 터질 것이라는 루머가 퍼졌다. 루머는 종교의식을 치르기 위해 다리를 건너던 사람들을 패닉 상태로 몰아넣었고 그 때문에 사람들은 한쪽으로 우르르 몰려나가기 시작했다. 사람들이 한곳으로 쏠리면서 다리의 철제 난간이 끊어졌고 수백 명이 한꺼번에 강으로 떨어졌다. 이 사고로 약 1000명이 사망했다. 루머가 생각과 행동 양면에서 정보의 폭포 현상을 일으켜 얼마나 끔찍한 결과를 초래할 수 있는지 보여주는 생생한 사례이다.

감정

정보의 폭포효과와 극단화는 순수하게 인지론적인 용어를 이용해 설명해 볼 수 있다. 사람들은 각자의 평판에 대해 서로서로 배우고 관심을 갖는다. 그리고 루머꾼들은 이러한 이유만으로도 성공을 거둘 수가 있다. 하지만 우리는 사람들의 감정 또한 문제가 된다는 것을 보았다. 여기서 감정적이라는 말은 사람들이 자기가 기존에 믿고 있는 사실과 부합하는 루머들을 받아들이는 동기를 갖고 있다는 의미이다. 사람들의 감정을 촉발시키고 감정에 호소할 때 루머가 확산될 가능성이 훨씬 더 높아진다는 것은 분명하다. 예를 들어 유타 주의 식수에 함유된 비소가 암을 유발할 통계학적 위험을 순전히 계량적으로 나타낸 보고서는 유타 주의 어린이들 가운데 비소로 인한 암으로 사망한 사례들을 생생한 설명을 곁들여 소개하는 것에 비해 사람들의 관심을 끌 가능성이 훨씬 낮다.

역겨운 감정이 루머의 확산을 보장해 준다는 사실을 보여주는 매우 주목할 만한 연구 결과들이 있다.[69] 스탠퍼드대 심리학자 칩 히스Chip Heath 교수는 동료들과 함께 쓴 저서에서 "사회적 환경에서는 루머가 부분적으로 개개인들에게 공통되는 감정을 건드릴 수 있는지를 감안해서 선별되고 유지된다"는 사실을 밝혀냈다.[70] 예를 들어 다음의 두 가지 경우를 비교해 보자. (a) 어떤 사람이 '참치' 라고 적힌 캔을 땄는데 이상야릇한 냄새가 나서 자세히 알아보니 고양이 먹이였다. (b) 어떤 사람이 '참치' 라고 적힌 캔을 따서 먹었는데 속이 메스꺼워서 알고 보니 고양이 먹이였다. 다음의 경우도 한번 비교해 보자. (a) 존스씨는 소다수를 마시기 전에 병 안에 죽은 쥐가 들어 있다는 것을 알았다. (b) 존스씨는 소다수를 마시다가 덩어리가 씹혀서 보니 병 안에 죽은 쥐가 들어 있었다. 물론 두 경우 모두 (b)가 (a)보다 더 역겹다. 히스 교수가 동료들과 함께 여기서 발견한 중요한 점은 사람들이 (a) 보다 (b)를 유포시키려는 경향을 훨씬 더 강하게 보였다는 사실이다. 한 가지 더 덧붙이자면 현대의 도시 괴담은 역겨운 이야기를 담을 경우 인터넷에서 훨씬 더 잘 유포된다는 사실이다. "역겨운 주제가 첨가될 때마다 웹사이트에서 특정 괴담을 올릴 가능성은 크게 높아졌다."[71]

히스 교수와 동료들은 이러한 '감정적인 선별과정'이 왜 어떤 루머는 성공하고 어떤 루머는 실패하는지에 대한 이유를 설명하는 데 도움이 된다고 주장했다. 악마의식이 곁들여진 어린이 학대와 성도착, 노상 분노, 살 파먹는 박테리아에 관한 루머를 예로 들어 보자. 모든 경우에 감정이 촉발됨으로써 루머꾼이 성공할 가능성을 높여주었다. 개인의 신상을 공격 대상으로 삼는 경우에도 이와 확실한 유사성을 보인다. 루머가 역겨움, 분노, 악의와 같은 강렬한 감정을 불러일으킬 때 사람들이 그것을 확산시킬 가능성은 훨씬 더 높아진다. 히스 교수가 동료들과 함께 내린 놀라운 결론에 따르면 생각의 시장 개념은 실패할 가능성이 높다는 것이다. "진실에 가장 가까운 루머가" 항상 감정적인 선별 과정에서 살아남는 것은 아니라는 말이다.

감시 사회

이 책에서 다루는 주제는 루머이다. 루머도 간단한 주제는 아니지만 밑바탕에 깔린 문제는 더 광범위하다. 우리들 대부분은 프라이버시와 비밀의 영역을 유지하고 싶어 하는데 그 이유는 충분히 일리가 있다. 거짓 루머로부터 자신을 지키기 위해서뿐만 아니라 가족과 친한 친구들만 알고 있는 개인적인 정보가 세상 사람들에게 공개되는 것을 막기 위해 그런 것이다. 우리는 난처한 사실들이 공개되지 않기를 바랄 뿐만 아니라 일단 공개되는 경우에는 그 소문이 확산되지 않도록 막고 싶어 한다. 우리는 다양한 개인과 집단을 상대로 서로 다르게 차별해서 대응을 한다. 그래서 다른 사람 누구에게도 말하지 않은 내용을 가장 친한 친구에게는 이야기하는 경우가 있다. 또한 어떤 정보는 가족과 아주 친한 친구 몇 명에게만 이야기하기도 한다. 친한 사람들로 구성된 여러 개의 소모임을 가지고 있으면서 어떤 내용을 다른 서클에는 밝히지 않고 특정 서클에만 밝히는 경우도 있다. 인터넷 시대는 아직도 초창기이지만 프라이버시를 유지하고 싶어 하는 이런 사람들의 욕구는 이미 심각하게 위협받고 있다. 일단 어떤 사실을 소규모 집단 내지 한 개인에게 발설할 경우, 그 정보는 모든 사람에게 알려질 위험이 있다. 긴밀한 사람끼리 유지하는 서클을 유지하기가 점점 더 어렵게 되고 있는 것이다.

30여년 전 연방대법원 판결을 보면 그때 벌써 사람들이 이런 문제를 겪고 있었다는 것을 알 수 있다.[72] 한 젊은 여성이(이 여성의 이름은 매리 탬슨이라고 해두자) 성폭력을 당했다. 해당 주법에 의하면 피해자의 동의 없이 성폭력 피해자의 이름을 공개하는 것은 범죄행위에 해당되었다. 경찰은 조사 내용에 봉인 조치를 취하지 않았고 기자들은 피해자의 이름을 밝히지 않은 채 사건을 보도했다. 그런데 한 신문이 주법을 어기고 피해자의 이름이 탬슨이라는 사실을 공개해 버렸다. 그 신문은 미국 수정헌법 1조에 의거해 그렇게 할 권리가 있다는 입장을 취했다.

연방대법원이 이 신문의 입장에 손을 들어 주며 주법은 무력화되었다. 연방대법원은 정부가 정보를 비밀에 부치기 위해 철저한 보호조치를 취하지 않는 한 기자들은 그 정보를 세상에 보도할 권리가 있다는 결론을 내렸다. 판결문은 "정부는 공적인 문서에서 입수한 성폭력 피해자의 실명을 정확하게 보도한 행위에 대해 제재조치를 취하지 않을 수가 있다. 더 정확히 말해 검찰 기록 및 일반 국민에게 공개되어 있는 사법 기록으로부터 입수한 성폭력 피해자의 실명 보도에 제재조치를 가할 수는 없다"고 밝혔다.[73] 법원은 해당 주가 성폭력 사건을 비밀에 부치고 기자들이 피해자의 신원에 접근하지 못하도록 조치를 취해도 된다는 점을 무시하지는 않았다. 하지만 일단 정부에서 정보가 '일반 국민들'에게 공개되어도 좋다고 허용했다면 언론 종사자들이 그 정보를 신문이나 방송에 보도하는 것을 막을 수는 없다는 점을 분명히 했다. 연방대법원은 "해당 정보가 공문서에 등장하는 순간 프라이버시에 대한 관심은 소멸된다"고 밝혔다.

연방대법원은 1975년에 이 같은 판결을 내리면서 많은 의미를 포괄하는 광범위한 일반 원칙을 밝힌 것으로 볼 수 있다. 그 원칙에 따르면 공문서에 적힌 정보는 신문이나 방송을 통해 세상에 보도될 수 있다는 것이었다. 하지만 21세기에 들어와서 이러한 원칙이 포괄하는 내용은 더 광범위해졌다. 연방대법원 판결에 따르면 봉인 조치가 취해지지 않은 경우 해당 정보를 웹사이트에 올려서 마음만 먹으면 누구나 볼 수 있도록 해도 된다는 식으로 해석할 수 있다. 하지만 이것은 과연 모든 경우에 합당하게 적용되는 원칙인가? 이에 대한 답은 전혀 명확하지가 않다. 성폭력 피해자의 경우 사려 깊은 정부라면 프라이버시 문제가 심각하게 개입된 것으로 보고 피해 여성의 동의 없이는 신원을 공개해서는 안 된다고 생각할 것이다. 공개 여부에 대한 결정권은 피해 여성에게 있지 신문에 있는 것이 아닐 것이다. 정부로서는 범죄 관련 파일을 밀봉하는 극단적이고 비민주적인 조치를 취하는 것을 원치 않을지 모르지만, 실명 보도를 금지함으로써 프라이버시에 대한 성폭력 피해 여성의 정당한 관심도 보호해 줄 수 있을 것이다. 수정헌법에 표현의 자유에 대한 권리가 보장되어 있는 것은 사실이다. 그리고 표현의 자유 권리에는 폭력적인 범죄 행위를 일반에 보도할 권리도 당연히 포함된다. 그렇다면 표현의 자유에 대한 권리에 피해자의 실명을 공개할 권리까지 포함시키는 게 분명히 맞는가?

이 어려운 질문에 대한 답이 어떻게 나오든 간에 연방대법원 판결은 현대에 와서 우리가 겪게 되는 중요한 문제점이 무엇인지 시사해 준다. 그 문제란 바로 새로운 감시 사회의 등장이라는 것이다. 감시 사회라고 해서 정부가 직접 나서서 도청하고 감시하는 것을 말하는 게 아니다(물론 이건 정말로 심각한 문제이지만). 내가 말하고자 하는 것은 우리가 어떤 일을 하고 있든, 아니면 어떤 일을 당하든 다른 사람들이 그 내용의 대부분을 추적할 수 있게 되었다는 것이다. 뿐만 아니라 그렇게 추적한 내용을 말로, 사진으로, 혹은 비디오를 통해 세상에 알릴 수가 있다. 여러분이 멍청한 표정을 짓고 있거나 당황스러워하는 모습, 시시덕거리거나 화난 표정, 남을 공격하는 모습은 페이스북이나 이메일을 통해, 혹은 일상생활에서 기록되고 저장되고 왜곡될 가능성이 아주 높아졌다. 그리고 언젠가는 그 장면들이 여러분을 다시 찾아와 괴롭히고 큰 상처를 입힐 수가 있다.

이 정도로 그치는 게 아니다. 문제는 정보가 쉽게 보도될 수 있다는 데서 그치는 게 아니라 악의적인 사람들이 취득한 정보의 일부나 전부를 의도적으로 어떤 인상을 만들어내고 퍼뜨리는 데 악용할 새로운 힘을 갖게 되었다는 것이다. 복잡한 정보를 선별해서 보도하고, 개별 데이터 비트와 개인의 삶, 정책을 임의로 조작해서 보도함으로써 특정 개인이나 상황에 대해 기만적이고 파괴적인 인상을 세상에 전파하는 일은 이제 어린이 장난에 불과하다. 예를 들어 어떤 기업체 사장이 '이윤 지상주의' 추구의 중요성에 대해 강조하는 발언을 한번 했다고 치자. 그 발언만 떼어내서 보면 일종의 무원칙적인 이윤 추구를 주장하는 것으로 받아들여질 수가 있다. 그 사장의 진짜 생각은 합리적이고 균형 잡힌 이윤 추구를 강조한 것이었지만 표현 한마디가 본심을 잘못 전달하게 된 것이다. 또한 시장이나 하원의원에 입후보한 사람이 최저임금법안과 관련해 어떤 입장을 밝혔다고 치자. 그러면서 최저임금법안에 반대하는 어떤 입장을 소개하면서 "최근에 읽어 봤는데 잘못된 입장 같다"는 말을 덧붙였다. 그런데 반대하는 입장을 소개하는 발언만 따로 떼서 문제 삼으면 그 사람이 빈곤층에 무관심하다는 잘못된 인상을 줄 수 있다. 만약에 정보 폭포현상이 일어나게 되면 그 발언은 일반 사람들의 눈에 그가 이러이러한 사람이라고 쉽게 규정해 버릴 수 있다.

현재 공인이거나 아니면 공적인 자리에 나가려고 하는 인물에 대한 솔직한 토론이 필수적인 선거 민주주의에서 이는 대단히 심각한 문제다. 인터넷은 어떤 사람이 (아마도)어떤 일을 했고, (아마도)어떤 생각을 하고 있는지에 대한 보도들로 넘쳐난다. 아무런 근거도 없이 완전 허구인 보도들도 있다. 이런 경우는 루머꾼이 단순히 사람들의 관심을 사기 위해, 아니면 특정인이나 어떤 대의명분을 치켜

세우거나 주저앉히려는 의도를 갖고 퍼뜨리는 것이다. 단편적으로 진실을 담고 있거나, 아니면 내용의 큰 줄거리를 전달하고 있기 때문에 완전한 날조는 아닌 보도들도 있다. 예를 들어 윈스턴 상원의원이 화가 나서 자기 보좌관에게 거칠게 대했다고 치자. 그런 일을 윈스턴 의원이 화를 다스리는 데 심각한 문제가 있는 사람으로, 심지어 남을 학대하는 성격을 가진 사람으로 비쳐지게 만드는 데 이용할 수가 있는 것이다. 루머꾼들은 전체 맥락에서 특정 사건을 떼어낸 다음 이를 명백히 다른 인상을 만들어내는 데 이용한다. 그렇게 만들어낸 인상은 특정 개인에게 해를 기칠 뿐 아니라, 그 개인의 참여로 이득을 보는 조직에도 해를 끼친다.

사람의 삶은 끝없이 이어지는 수많은 발언과 행위들로 이루어진다. 그렇기 때문에 어떤 특정한 행동을 별도로 떼어내서 세상에 알릴 경우, 최근 십 년 동안 사람들이 보기에 해서는 안 될 나쁜 말이나 행동을 하지 않고 산 사람은 극히 드물 것이다. 이제 우리는 살아가는 동안 사회의 일부 구성원들이 보기에 나쁜 품성이나 성격적 결함이 있는 것으로 의심 살 만한 말을 하거나 행동에 연루되는 것은 거의 피할 수 없게 되었다. 그동안 수백 번 모임에 참석해서 흠잡을 데 없이 처신했는데 딱 한 번 어떤 모임에서 술에 취해 횡설수설했을 수도 있다. 예를 들어 분장 파티에 가면서 남의 눈에 거슬리는 나치 복장을 했다고 치자(윌리엄 왕자가 실제로 그렇게 했다). 지금같이 블로그와 유튜브가 난무하는 시대에 가장 무서운 위험 중 하나는 우리가 하는 말이나 행동이 영구적으로 저장되고 면밀히 감시 당할 수 있게 되었다는 점이다. 그렇게 해서 어떤 특정한 행동을 별도로 떼어낸 다음 그것을 마치 전체를 대변하는 것처럼, 혹은 음산하고 사람들을 놀라게 하는 어떤 무서운 일을 시사하는 단서로 이용할 수 있게 된 것이다.

이러한 우려를 구체적으로 나타내기 위해 다음과 같은 세상을 가정해 보자. 현재 우리가 살고 있는 세상과 크게 다르지 않을 것이다. 우리의 삶은 지금도 정부에 의해서가 아니라 친구나 동료들의 손으로 조작되는 기술에 의해 감시 당하고 촬영 당하고 있다. 머지않은 장래에 구글이나 아니면 다른 어떤 존재가 지구상에서 일어나는 일의 모든 면면을 모조리 기록으로 남길 수 있게 될지 모른다. 실시간으로 기록하는 것은 물론이고 후세가 볼 수 있도록 저장하게 될 것이다. 그런 식으로 기록하면 물론 개인의 프라이버시에 심각한 위험이 초래될 것이다.[74] 하지만 우려되는 건 프라이버시뿐만이 아니다. 이런 세상에서 진짜 문제가 되는 것은 간단한 사건이나 사고가 진짜 중요한 의미를 부여 받을 수 있다는 것이다. 그렇게 될 경우 내가 지금까지 설명한 과정이 그러한 의미 부여를 엄청나게 확대하고 강화시킨다. 폭포효과와 극단화를 통해 각종 인적 네트워크, 나아가 많은 국민이 그 사건에 대해 알게 되고, 그 사건이 어떤 개인의 됨됨이나 삶 전체를 대변하는 것으로 받아들이도록 만들어 버린다. 위험은 사람들이 그런 사실을 알게 되는 것에 그치지 않는다. 많은 사람들이 사실이 아닌 일을 사실인 양 믿도록 조종당하게 되는 것이다. 설혹 문자 그대로 거짓 사실이 아니라고 해도 조작되고 나면 결과는 마찬가지다.

앞서 말했듯이 공적인 인물이나 공적인 조직의 구성원들에게 이 같은 일은 심각한 문제다. 민주 정부의 경우에도 국민들이 현직 지도자와 잠재적 지도자들에 대해 거짓 정보를 습득하게 된다면 문제다. 정보 사회가 잘못된 정보를 유포시킨다면 중요한 선택들이 거짓 사실을 바탕으로 해서 내려지게 된다.

일반인의 경우도 마찬가지 문제를 겪게 된다. 우리 모두가 원치 않고, 사실이 아니고, 불공정하고 그리고 그보다 더 고약한 정보 공개로부터 상처를 입을 위험에 처해 있다. 물론 이런 것이 완전히 새롭게 등장한 위험은 아니지만 인터넷의 출현으로 우리가 타인에게 상처를 입히고 상처 입는 일은 이전보다 훨씬 더 쉽게 일어나게 되었다. 여러분의 친구, 고용주, 심지어 가족 구성원들까지도 여러분이 한마디 내뱉거나 저지른 행동에 대한 정보를 접하게 되고, 전달 받게 된다. 그러고는 여러분에게 해로운 결론을 내리거나 그 같은 결론을 내리도록 유도당한다. 이런 경우에도 여러분이 내뱉었다는 그 한마디가 여러분의 모든 것을 대표하는 것으로 받아들여지는 것이다. 인터넷은 이러한 감시에 참여해서 남에게 해를 끼치는 사람들의 활동 장벽을 크게 낮추어 놓았다.

이런 우려를 이해하는 데는 별 아쉬움 없이 폐지된 특별검사제가 좋은 예가 된다. 워터게이트 사건을 계기로 미국 의회는 법무부 장관이 특별검사를 임명해서 공직자의 위법행위를 조사할 수 있도록 하는 특별검사법을 제정했다. 말할 필요도 없이 좋은 의도로 만들어진 것이지만 특별검사법은 완전한 실패로 끝나고 말았다. 특별검사가 왜곡과 불공정한 수사의 대명사처럼 된 것이다. 그렇게 된 이유는 대부분의 검사들이 제한된 예산으로 조사해야 될 잠재적 대상이 너무 많아 재량권을 발휘할 수밖에 없었기 때문이다. 검사들은 여러 요인을 참작하여 모든 범법행위를 다 기소하지는 않는다. 이러한 기소재량은 수사 대상자의 자유를 보장해 주는 중요한 안전장치가 되었다. 물론 범죄행위는 용납될 수 없는 것이지만 그렇다고 모든 범법행위를 다 기소한다면 너무 많은 사람들이 변호사를 고용해야 하고 감옥에 가게 될 것이다. 특별검사제가 실패한 큰 이유는 특별검사의 수사 대상이 하나인 데다가 거의 무제한으로 예산을 썼기 때문이다. 다시 말해 특별검사는 수사에 과도한 인센티브를 부여 받고, 한 발 더 나아가 가능하다면 모든 혐의 사실에 대해 기소 절차를 시작하라는 부추김을 받았다.

감시 사회를 이런 맥락에서 한번 살펴보자. 여러분의 전 생애를 유튜브를 통해 볼 수 있다는 게 문제가 아니다. 문제는 여러분의 삶의 단편들이 60초짜리 세그먼트 몇 개에 담겨 보여지게 되면, 그 가운데 한두 개 장면이 여러분에게 대단히 위험한 피해를 줄 수 있다는 것이다. 이는 매우 심각한 위험이다. 거짓 루머의 유포와 관련해 우리가 아는 내용에 비추어 본다면 여기서 한 걸음 더 나아가 다음과 같이 생각해 볼 수가 있다. 어떤 어리석은 행동이나 비정상적인 행동이 널리 알려지게 되면, 여러분의 성품이나 생활방식에 대해 공정한 평가를 하려고 하는 사람들의 판단에 훼방을 놓을 수가 있다. 하지만 그처럼 공정한 평가를 할 의사가 없는 사람들의 경우는 어떻게 될까? 공정한 평가를 할 이유가 전혀 없는 사람은 어떻게 하겠는가? 간단히 말해 악의적인 루머꾼이라면 어떻게 하겠는가?

낙관론과 비관론

민주주의와 헌법에 의거해서 통치가 이루어지는 곳에서는 '생각의 시장' 개념이 중심역할을 한다. 이는 표현의 자유가 보장되면 다양한 주장과 해석, 여러 생각이 유포되어서 마지막에는 진실이 승리자의 자리에 오르게 된다는 것이다. 물론 이러한 '생각의 시장' 개념 자체에 대해 의문을 제기할 수도 있다. 신발 시장, 자동차 시장, 호텔 룸 예약 시장이 있고 이러한 시장에서 이루어지는 경쟁은 소비자들에게 이익이 되는 경우가 많다. 최고의 상품이 가장 합리적인 가격으로 경쟁에서 살아남아 팔리기 때문이다. 하지만 생각의 시장이란 정확히 어떤 의미인가? 이에 대한 대답은 아주 명확하지는 않다. 당연한 말이지만 생각의 시장이 신발 시장처럼 움직이지는 않을 것이다. 다양한 견해들에 가격표가 붙어 있는 것도 아니고 여러 지식과 가치들을 한데 모아 놓은 것도 아니다. 이런 점을 인정하면서도 우리는 사람들이 정책, 학문 그리고 어떤 사람이 한 행동을 놓고 수많은 생각과 주장을 접하게 되면 장기적으로는 결국 진실이 살아남는 경우가 많을 것이라는 믿음에 동조하게 된다. 20세기 헌법에서는 생각의 시장 개념이 믿을 만하다는 낙관적인 견해가 큰 역할을 했다.

하지만 루머, 특히 거짓 루머의 유포 메커니즘을 이해하고 나면 이런 견해에 의문이 생겨난다. 여러 생각 사이에 경쟁이 활발하게 이루어지는 가운데서도 좋지 않은 생각과 거짓이 널리 받아들여지고 있기 때문이다. 인종차별은 나쁜 생각이지만 오랫동안 유지되었다. 인종차별을 당연시하게끔 뒷받침해 준다고 내세워진 사실들도 마찬가지였다. 언론의 자유가 보장되는 체제에서도 그랬다. 미국에서는 1970년대까지도 성차별이 만연했다. 그런 입장을 뒷받침해 준다는 주장들을 사실인 양 내세워서 성차별을 정당화했다. 그런 주장들은 근거가 취약했고, 생각의 시장이 활발하게 작동되는 가운데서도 성차별은 합법적이었을 뿐만 아니라 많은 사람들이 정당한 행위라고 생각했다. 폭포효과와 집단 양극화 그리고 편향 동화 과정을 들여다보면 사실관계를 판단하는 데서도 잘못이 발생할 가능성이 매우 높다는 것을 알 수 있다. 미국 역사상 수많은 미국인들이 갖가지 다양한 루머들을 믿어 왔다. 그리고 이제는 인터넷이 명백한 거짓 정보를 단 몇 초 만에 유포되도록 해주기 때문에 대단히 위험한 착오를 포함해서 이러한 잘못은 앞으로 시간이 지날수록 더 늘어날 것이다.

거짓 루머를 받아들이는 것과 관련해 더 비관적인 입장을 취하는 쪽에서는 많은 사람들이 다음과 같은 단순한 규칙을 따른다고 생각한다. 사람은 진실 혹은 크게 봐서 진실이 아닌 사실은 입에 잘 올리지 않는다고 믿는 것이다. 어떤 학생이나 교수가 아주 끔찍한 비행을 저질렀다는 루머가 나돈다고 치자. 아니면 공직에 임명될 어떤 후

보자가 부패한 사람이라는 루머가 나돈다고 하자. 그러면 많은 사람들은 어느 정도 근거가 있으니 그런 소문이 시작되었겠지 하고 생각한다는 것이다. 아니 땐 굴뚝에 연기가 나겠느냐는 믿음이다. 대부분의 사람들이 이렇게 생각하지 않는다고 하더라도 루머는 의혹을 구름처럼 피워 올리고 일종의 부정적인 여파를 남겨서 결국에는 우리의 믿음과 평가, 행동에 영향을 미치게 되는 것이다. 여기 소개한 사회적 영향을 살펴보면 비관적인 입장의 근거를 설명하는 데 도움이 될 것이다. 사람들이 남이 하는 말을 선별적으로 골라서 듣고 반향실에 수시로 들어가 살다 보면 거짓 루머를 광범위하게 받아들이는 것은 불가피해진다.

하지만 이러한 비관론이 틀릴 가능성이 있다고 생각할 수 있는 두 가지 이유가 있다. 첫번째 이유는 지금은 과거 그 어느 때보다도 거짓 루머를 퍼뜨리기가 쉬워진 게 사실이기는 하지만 잘못된 내용을 즉각 바로잡기도 그만큼 쉬워졌다는 것이다. 정치인은 자신에 대한 거짓 루머에 즉시 대응할 수 있고, 대응 내용을 많은 사람에게 알릴 수가 있다. 오바마 후보의 선거운동 웹사이트 '파이트 더 스미어스' 의 예를 다시 떠올려 보자. 유명인이 아닌 평범한 개인도 기술적으로는 얼마든지 그렇게 대응할 수 있는 능력을 갖고 있다. 모든 사람이 중상 비방에 맞서 싸울 수가 있다. 생각의 시장은 특히 지금처럼 많은 사람을 상대로 신속하게 정보를 전달할 수 있는 시대에 더 잘 작동될 수 있다고 생각할 수 있는 것이다.

두번째 이유는 내용의 대부분이 명백하게 거짓인 루머가 무서운 기세로 확산되는 것을 보고 사람들이 궁극적으로 어떻게 반응할 것인지와 관련이 있다. 사람들은 자기가 읽거나 들은 내용이 너무도 황당한 거짓인 경우 그것을 점차 평가절하하고 불신하게 될 것이다.[75] 어떤 인터넷 '사기' 의 경우 십 년 전에는 지금보다 훨씬 더 사람들의 귀를 솔깃하게 했다. 여러분더러 1억 달러짜리 복권에 당첨되었다고 하거나, 아니면 케냐의 어떤 사람이 5억 2400만 달러짜리 복권에 당첨되었는데 당첨금을 당신과 나누어 갖고 싶어 한다든가 하는 문구를 인터넷에서 보면 잘 믿으려 들지 않을 것이다. 그러나 십 년 전이었으면 잠깐 동안이라도 "정말?"하고 고개를 갸우뚱해 보았을 것이다.

루머꾼들이 인터넷을 통해 손쉽게 많은 청중들의 귀를 사로잡을 수 있게 되었기 때문에 앞으로도 전반적인 분위기는 불신을 많이 하는 쪽으로 움직여 갈지 모른다. 페이스북 세대와 그 이후 세대들은 부정적인 루머와 악의적인 루머까지 포함해 다양한 종류의 루머들을 그저 아무 생각 없이, 아니면 하품을 하며 쳐다보게 될 것이다.

이러한 설명은 몇 가지 시사점을 던져 주기는 하지만 내가 보기에 거짓 루머 때문에 생기는 문제들에 대해 충분한 해결책이 될지는 의문이다. 거짓 내용을 즉시 바로잡을 수 있는 건 사실이지만 도대체 얼마나 많은 사람이 바로잡힌 내용을 보고 믿을까? 진실이 거짓을 따라잡지 못하는 경우가 많다. 폭포효과와 집단 극단화, 편향 동화가 판치는 세상에서는 거짓 루머를 바로잡기는 고사하고 그것을 부정하는 것조차 효과를 거두기가 쉽지 않다. 어떤 사람들은 이렇게 생각하기도 한다. 사실이 아니면 그냥 놔두면 되지 왜 굳이 나서서 부정하는 거지? 하기야 "공식적으로 부인하기 전까지는 절대로 믿지 말라"는 말도 있지 않은가. 거짓을 바로잡는 일은 실패할 가능성이 매우 높다는 것을 앞에서 보았다. 우리는 인터넷 상에 떠도는 거짓 루머들에 진실이 제대로 대응하고 있다는 결론을 뒷받침할 만한 증거를 충분히 확보하고 있지 못하다.

루머에 대해 사람들이 점점 더 회의적이 될 것이라는 주장은 매우 흥미롭다. 십 년 전이라면 믿었겠지만 많은 사람이 이제는 이메일이나 인터넷 상에서 읽은 내용은 잘 믿지 않게 되었다. 전체주의 국가에서는 사람들이 지도자를 잘 믿지 않는 경향이 있다. 민주국가에서는 상업적인 광고에 대해 곧이곧대로 믿지 않는다. 우리는 앞으로 언젠가는 루머, 특히 인터넷에 유포되는 루머에 대해 대단히 회의적인 세상이 오리라는 상상을 충분히 해볼 수가 있다. 인터넷 상에서는 거짓 비방이 대량으로 유포되고 또한 많은 루머꾼들이 익명으로 믿을 수 없는 행동을 한다. 그런 이유로 인해 사람들은 웹상에서 유포되는 주장이나 사실 주장에 대해서는 의심과 불신을 가질 수밖에 없다는 결론을 내리게 될지 모른다.

이런 예상이 명명백백하게 틀렸다고 할 수는 없다. 우리는 일종의 문화적 전환기에 있고, 예를 들어 영화배우나 정치인들에 관한 거짓 루머는 곧이곧대로 받아들이지 않는 경우가 많다. 하지만 나는 이런 낙관적인 예상은 사람의 타고난 본성을 평가절하하는 데서 오는 게 아닌가 하는 생각이 든다. 사람은 본래 자기가 듣는 것을 믿는 경향이 있다. 그리고 낙관적인 예상은 인터넷이라는 새로운 세상에 대한 사람들의 판단 적응 능력을 너무 과대평가한 데서 비롯된 것이라고 생각한다. 거짓 루머는 도처에 산재해 있지만 우리는 거기에 진실이 조금이라도 담겨 있겠지 하고 생각하는 경향이 있다. 그 루머가 우리가 이미 믿고 있는 내용과 부합되고, 기존의 믿음을 뒷받침해 주는 내용인 경우에는 특히 더 그렇다. 믿을 수 없는 목소리들이 너무 많은 세상이 되었기 때문에 높은 수준의 의심이 뒤따를 가능성이 높아졌다. 하지만 그런 와중에서도 거짓 루머를 퍼뜨리는 루머꾼들은 많은 성공을 거둘 것이다.

위축효과

우리는 이제 인터넷을 통해 위험한 거짓 루머가 급속히 확산되어 개인과 단체가 피해를 입는 세상이 오는 것을 상상할 필요가 없게 되었다. 이미 그런 세상에 살고 있기 때문이다. 그러한 피해를 줄이기 위해서 과연 어떤 조치를 취할 수 있을까?

법은 오래 전부터 사람들의 명예를 지켜주는 일과 표현의 자유를 보장해 주는 일 사이에서 균형을 지키기 위해 노력해 왔다. 변호사와 법관들이 이 균형을 이야기하고 애통스러워하는 것은 통상 '위축효과' chilling effect를 염두에 두고 하는 것이다. '위축효과'는 어떤 표현에 대해 민형사상 처벌이 가해질 가능성에 의해 만들어지는 효과를 가리킨다.[76] 소송에 대한 두려움 때문에 내부고발자나 전문가, 언론인, 블로거들이 자신의 판단이나 의견을 나타내는 것을 보류할 수 있다는 것이다. 예를 들어 엄격한 명예훼손법은 사람들로 하여금 공적인 인물이나 공개적인 사안에 대해 언급하는 것을 위축시켜 민주적인 토론이 이루어지지 못하도록 방해한다. '생각의 시장'과 같은 것이 제대로 작동되도록 하기 위해서는 이 위축효과에 대해 특히 주의를 기울여야 한다. 위축효과가 궁극적으로 진실을 찾아가는 과정을 손상시킬 수 있기 때문이다.

자유로운 생각의 표현을 위축시킨다는 것은 두말할 필요도 없이 엄청난 피해를 끼칠 수 있다. 그러한 피해를 줄일 방법을 고안해 내는 것 또한 말할 필요도 없이 중요한 일이다. 자유로운 사회는 발언자들에게 충분히 숨쉴 공간을 허용해 주어야만 한다. 하지만 위축효과가 가져오는 위험을 지나치게 강조하지 않도록 주의하도록 해야 한다.

첫째, 경우에 따라서는 위축효과가 아주 좋은 약이 될 수 있다는 사실을 인정할 수 있어야만 한다. 위축효과는 사람들에게 피해를 입히는 파괴적인 거짓 사실이 유포되는 것을 줄여 준다. 물론 거짓 역시 장기적으로는 진실을 찾아가는 길에 도움이 되는 경우가 많은 것은 사실이다. 하지만 많은 거짓 루머들은 진실을 알려고 하는 사람들에게 피해를 줄 뿐만 아니라 아무런 쓸모도 없는 내용들이다. 둘째, 사회적 영향과 편향 동화에 힘입어 거짓 루머가 확산되어 자리를 잡는다는 것은 시장이 실패했다는 것을 의미한다. 사회적 규약과 법이 강제하는 위축효과가 전혀 없는 사회는 한마디로 대단히 추악한 곳이 될 것이다. 우리 사회는 '위축'이 없는 상태가 아니라 적정 수준의 위축효과를 필요로 한다. 문제는 어떻게 하면 그런 최적의 상태에 도달할 수 있느냐 하는 것이다.

법의 역할

현행 헌법에서 하나의 가능한 루트를 찾아볼 수 있다. 미국 연방대법원이 내린 가장 중요한 판결 가운데 하나인 뉴욕타임스 대對 설리번 사건에 기본 원칙들이 제시되어 있다.[77] 사건 내용은 간단하다. 1960년대 초에 민권단체들이 앨라배마 주 몽고메리에서 거행된 민권운동 시위에 대한 경찰의 폭력 대응을 비난하는 광고를 뉴욕타임스에 게재했다. 이에 경찰 지휘권을 갖고 있는 몽고메리 시 경찰청장인 설리번은 명예훼손 소송을 제기했다.

연방대법원은 공직자가 관련된 경우 헌법은 말을 한 사람이 '실질적인 악의' actual malice를 갖고 있는 경우에 한해 권리회복 조치를 허용한다는 판결을 내렸다. 이러한 기준은 (기자와 블로거를 포함해) 발언자가 (a)자기가 한 말의 내용이 거짓이라는 사실을 실제로 알고 있었거나, 혹은 (b) 참인지 거짓인지에 대해 '부주의한 무관심' reckless indifference으로 행동하지 않는 한 손해배상 소송을 당할까 겁내지 않아도 된다는 의미이다. 그렇게 되면 허위사실인 줄 모르고(혹은 정직하게) 말을 퍼뜨렸으면 명예훼손죄로 처벌받지 않는다. 이는 자기가 하는 말이 거짓임을 충분히 알 수 있는 처지였는데도 불구하고 몰랐다고 하면 처벌받지 않는다는 말이 된다.

판결은 이렇게 표현의 자유를 우선적으로 보호하는 결정을 내리면서 정부더러 허위 사실 유포 행위를 통제하는 경우에도 표현의 자유가 숨쉴 공간을 허용해 주도록 신중을 기하라고 당부했다. 판결문은 "자유로운 토론을 하다 보면 틀린 사실을 이야기하는 것은 불가피하다"고 말하고 "따라서 표현의 자유가 유지되는 데 필요한 '숨쉴 공간'을 갖기 위해서는 틀린 사실을 말하는 것도 보호되어야 한다"고 했다.[78] 따라서 "'사실적 오류' factual error나 '명예훼손적인 내용' defamatory content 두 가지 모두 '공인의 행위를 비판하는 데' 부여된 헌법적 보호장치를 걷어낼 정도의 사안은 아니다"라는 것이다. 법원은 표현의 자유 원칙은 민주적인 기반을 갖고 있으며 공적인 일에 관련된 표현을 광범위하게 보호한다는 점을 강조했다. 판결문은 명예훼손을 이유로 민간을 제재하는 데는 '실질적인 악의'가 성립되는 경우를 제외하고는 헌법적인 제약이 철저히 가해져야 한다는 결론을 내렸다.

판결에서는 공직자가 관련된 경우 두 가지 접근방법을 배제시켰다. 즉 공인에 대한 명예훼손의 경우 '엄격한 책임주의' strict liability, 다시 말해 무과실책임liability without fault은 헌법상 인정될 수 없다고 했다. 따라서 사람들은 사실 관계가 틀렸다는 것이 입증되더라도 손해배상을 하지 않아도 된다. 판결은 또한 대부분의 법 적용에서 기준으로 적용되는 '과실죄' negligence도 공인과 관련된 경우에는 배제한다고 했다. 만약에 여러분이 잔디깎기 기계로 부상을 당했는데 제작자가 적절한 주의 고지를 하지 않음으로써 과실죄를 범했다면 여러분은 손해배상을 받아낼 수 있다. 하지만 판결문은 같은 원칙이 명예훼손적인 표현에는 적용될 수 없다고 밝히고 있다. 해당 공인이 보도로 인해 심각한 상처를 입었고, 신문은 증거로 미루어 볼 때 오보임을 알면서 보도했음이 분명한데도 그렇다. 보도 내용이 거짓이라는 사실을 실제로 몰랐고, 보도 내용의 진위에 대해 '부주의한 무관심'을 저지르지 않는 한 신문은 손해배상 책임이 면제된다.

이 판결 내용을 제대로 이해하기 위해서는 '과실' negligent 과 '부주의' reckless 사이에 실질적인 차이가 있다는 점을 이해하는 게 중요하다. 과실은 적절한 수준의 주의 의무를 기울이지 않은 것인 데 반해 부주의는 증거 검토를 고의로 회피한 것으로 간주된다. 많은 기자들이 과실의 실책을 범하지만 '부주의한 무관심'의 실책을 저지르는 수는 그보다 훨씬 적다. 공인은 자신에 대한 명예훼손 발언자가 '부주의하게' 행동한 경우에만 손해를 보상 받을 수 있다. 그렇기 때문에 모든 기자들이 어떤 내용을 보도하든, 어떤 피해를 입히든, 그리고 어떤 증거가 드러나든 결국 면책이 되는 경우가 많다.

뉴욕타임스 대 설리번 사건은 공직자가 관련되어 있기 때문에 몇 가지 아주 중요한 의문을 제기했다. 만약 글 쓴 사람이 유명인도 아니고 악명도 높지 않은 평범한 개인의 명예를 훼손했다면 어떻게 될까? 만약에 신문이 조 스미스란 보통 사람에 대해 그가 부패한 사람이고, 뇌물을 받았으며, 절도를 비롯해 여러 가지 악행을 저질렀다고 주장하며 그에게 피해를 입히는 거짓 사실을 보도했다면 어떻게 될까? 영미법에서 오랫동안 지켜져 내려오는 원칙에 따라 스미스씨는 손해배상을 청구할 수 있으며, 이때는 상대의 잘못을 입증해 보일 필요도 없다. 보도 내용이 허위이고 자신이 피해를 입었다는 사실만으로도 스미스씨는 소송을 제기할 권리를 확보하게 된다. 뉴욕타임스 대 설리번 건에 대한 법정의 분석은 공직자의 행위를 비판하는 데 있어서 '숨쉴 수 있는 공간' 의 필요성에 포커스를 맞추고 있다. 그렇지만 판결문 자체로 보면 스미스씨가 자신의 명예를 지켜달라고 법정에 요구할 수 있는 권한에 대해서는 의문을 제기하지 않았다.

그럼에도 불구하고 법정은 결국 표현의 자유 원칙이 스미스씨의 명예훼손 소송에도 제약을 가한다는 결론을 내렸다. 거츠 대 웰치Gertz v. Welch 사건에서 법원은 주에 따라 주민들에게 명예훼손적인 발언을 유포한 데 대해 손해배상을 하도록 할 수 있다는 판결을 내렸다. 하지만 이 경우 과실이 입증되어야 한다고 밝혔다.[79] 이는 어떤 사람이 여러분에 관해 거짓 사실을 말한다고 해도, 말한 내용이 거짓이고 여러분이 그로 인해 큰 피해를 입었다는 사실을 말하는 것으로는 부족하다는 뜻이다. 여러분은 그 발언자가 합당한 주의를 기울이지 않았다는 점도 입증해야 한다. '현실적 악의'를 입증하기는 극히 힘들지만 과실을 입증하기도 쉬운 일은 아니다. 예를 들어 어떤 기자가 평판이 확실하게 좋은 뉴스원을 통해서 어떤 변호사나 은행원이 부패 사건에 연루되었다는 사실을 알았다고 하자. 혹은 어떤 고교 교사가 학생과 성관계를 가진 사실을 알았다고 하자. 그리고 그 혐의들은 모두 거짓이다. 그 기자는 자기가 접촉한 뉴스원이 사실을 말해 준 것인지 확인하지 못했고, 다른 뉴스원을 통해 재확인을 하지 않았기 때문에 과실죄에 해당될 수 있다. 하지만 스미스씨가 과실을 법적인 문제로 입증하기는 쉽지 않을 것이다.

거츠 사건에서 논란이 된 결론에 대해 설명하면서 판결문은 "중요한 표현의 자유를 지키기 위해서는 거짓 사실도 보호할 필요가 있다"고 밝혔다."[80] 판결문은 "정직하게 쓴 거짓 사실을 보호해 주는 것은 꼭 필요하다"고 주장했다. 그 이유는 "공인의 행동을 비판하는 사람을 상대로 그가 내놓는 사실 관계 주장이 모두 사실임을 보증하라는 판결을 내리고, 위반하면 무조건 명예훼손에 처한다는 조건을 내세우면 결과적으로 '자기 검열'을 유도하게 된다"는 것이다. 무과실책임은 헌법으로 금지하고, 과실 입증을 요구한다면 기자의 자기 침묵을 막는 안전장치 역할을 한다. 간단히 말하자면 판결문은 '뉴욕타임스 대 설리번' 사건에서 시작된 표현의 자유의 '위축' 정도를 줄이려는 노력을 계속한 것이다.

이러한 법원 판결과 보조를 맞추려면 몇 가지 구분이 필요하다. 공직자와 관련된 허위 보도도 있고, 민주적인 정부 영역과의 관계가 모호한 영화배우, 댄서, 가수와 같은 유명인사와 관련된 허위보도도 있다. 그리고 공직자와는 무관하지만 공적인 이슈와 관련된 허위보도도 있다. 예를 들면 일반인이 현지 은행의 고위 간부에게 뇌물을 주려 했다는 소리를 듣는 경우다. 그리고 일상적인 비즈니스에 종사하는 평범한 사람들과 관련된 허위 보도들이 있다. 이러한 범주에 드는 사람들의 경우 법의 잣대는 일반적으로 명확한 편이다. 공적인 인물은 '현실적 악의' 를 입증하지 못하는 한 명예훼손 소송을 제기할 수 없다. 유명인사들은 공직자들과 같은 취급을 받는다. 공적인 이슈라고 해서 특별히 다루어지는 것은 아니다. 사정은 소송을 제기하는 사람의 신분에 따라 달라진다. 일반인은 '과실' 임을 입증해야만 한다.

이러한 법률이 적정 수준의 위축효과를 발휘하며 가장 합리적인 균형을 나타내는 사회를 상상해 볼 수 있다. 하지만 합리적인 사고를 하는 사람들은 '우리가 사는 이 세상이 그럴 것이라고?' 라며 머리를 저을 것이다. 공적인 생활을 하는 사람들의 경우를 한번 생각해 보자. '현실적 악의' 는 입증하기가 정말 어렵기 때문에 선량한 사람들이 정말 피해를 입을 가능성이 높은 반면 피해를 입히는 사람들에게는 책임을 지울 방법이 없다. 문제는 피해를 입은 사람에게 국한되지 않고 민주 정부 자체에까지 미친다. 국민이 공정한 평가를 받지 못하면 정부가 어려움을 겪게 된다. 연예인의 경우를 예로 들어 보자. 연기나 노래, 댄스를 하기로 한 사람들은 공개적으로 조롱의 대상이 되거나 심지어 위해를 당할 가능성이 점점 더 커지고 있다. 보통 사람들의 경우를 보자. 과실을 입증하기란 쉽지 않기 때문에 어떤 이들이 여러분에 관해 좋지 않은 루머를 퍼뜨린다해도 그런 사람들에게 책임을 묻기가 어렵다. 보상을 어떻게 받아내느냐보다는 억제를 어떻게 할 것이냐가 더 중요한 문제다. 지금의 법으로는 대부분의 거짓 루머들을 막을 수가 없다.

생각의 시장 관점에서 본다면 이것이 이상적이거나 받아들일 만한 상황인가? 정말로 사람들은 과실에 의해 영화배우들에 대한 거짓 루머를 퍼뜨리는 것을 그대로 방치하고 싶어 하는가? 유명인들은 많은 사람들과 접촉해서 잘못된 루머를 바로잡을 특별한 능력을 갖고 있다고 치자. 하지만 거짓 루머를 접한 많은 시청자나 독자들 가운데는 진실이 먹혀들지 않는 사람들이 많을 것이다. 연예인들에 관한 치명적인 거짓 루머가 숨 쉴 공간을 마련해 주는 게 그렇게도 중요한가? 어쨌건 일반인들은 거짓 사실에 의해 피해를 입더라도 소송을 제기할 수 없다는 게 분명한가? 어떤 시장이든 기준과 기본 원칙이 있어야 한다. 공짜로 굴러가는 시장은 세상에 없다. 표현의 자유를 억제해 '위축 효과를 내는' 지금과 같은 규제 시스템이 우리가 인터넷 시대에 선택해야 할 시스템인지는 분명치 않다.

이런 문제들에 대해 이 책에서 당장 해답을 구하려고 하지는 않겠다. 기본 원칙들을 처음부터 다시 생각해 보자고 하기에는 너무 늦었을지도 모르겠다. 하지만 그러한 원칙들을 현대적인 상황에 맞게 고치는 것은 늦었다고 할 수 없을 것이다. 연방대법원이 그 같은 판결을 내리게 된 동기 가운데 일부는 고액 손해배상금에 대한 우려 때문이었다. 만약에 값비싼 소송 비용을 들여 과도한 억제를 하는 대신 법을 통해 거짓 사실로부터 사람들을 보호할 방법을 마련할 수 있다면 그게 충돌하는 이해관례를 조정하는 최선의 길이 될 것이다. 여기서 루머 전파에 대한 이해를 법적인 요건과 더 잘 접목시키기 위해 고안된 가장 적절한 세 가지 아이디어를 살펴보기로 한다.

· 어떤 보도가 거짓이며 피해를 입히는 것이 분명하게 입증된 다음에는 보도의 철회를 요구할 수 있는 일반적인 권리가 부여되어야 한다. 신문이나 방송, 혹은 블로거들이 합리적인 시간이 경과한 다음에도 눈에 띄도록 철회하기를 거부하는 경우에는 최소한의 피해보상을 청구할 수 있도록 한다.

· 특히 인터넷 상에서는 사람들이 '통보해서 삭제시킬 권리'를 갖도록 한다. 이런 방법을 통해서 웹사이트를 운영하는 사람들은 통보를 받으면 허위사실을 삭제할 의무를 져야 한다. 이는 디지털밀레니엄저작권법Digital Millennium Copyright Act에 규정된 저작권 조항을 모델로 삼은 것이다. 이런 방법은 부담스러운 것도 사실이다. 그리고 인터넷의 속성상 통보 후 삭제가 완전한 해결책이 될

수도 없다. 자료는 일단 포스트되고 나면 영구적으로 그 자리에 올라 있을 수가 있다. 하지만 일단 삭제를 하면 많은 곳에 올라 있지는 않을 것이고, 적어도 거짓 사실의 피해자는 정보가 삭제되었다고 말할 수 있게 된다.

· 손해배상 인용 한도를 정하고 조정을 통해 억제 효과를 확실히 거두면서도 표현의 자유 향상에 크게 기여할 수 있다. 예를 들어 명예훼손 손해배상 인용액을 보통 1만 5000달러로 정하고, 부담 여력이 없는 피고에게 고액의 피해보상금이 부과되지 않도록 단계적인 조치들이 취해진다고 가정해 보자. 궁극적으로는 명예훼손 발설자들도 지켜야 할 평판이 있다. 손해배상 책임을 지게 되고, 진실이 아닌 것을 말한 것으로 밝혀지게 되면 이들의 평판도 손상을 입을 것이다. 표현의 자유 관점에서 보면 발언자들이 자신의 평판을 걱정하는 것은 대단히 중요하다. 왜냐하면 그러한 우려가 허위 사실의 유포를 억제할 수 있기 때문이다. 개인에게 해를 입히는 것을 막겠다는 입장에서 보면 그러한 우려는 엄청나게 좋은 것이다. 손해배상 인용액을 정하는 것은 실제적 진실을 확립해야

한다는 책임과 함께 루머꾼들로 하여금 자신의 평판을 좋게 유지하도록 하는 데 효과적인 지렛대로 활용될 수 있다.

여기 소개한 제안들을 받아들이려면 그에 앞서 철저한 분석이 필요할 것이다. 물론 이것은 내가 최종적인 제안을 한 것은 아니고 여러 가능한 방법들 가운데 몇 가지를 윤곽만 잡아 소개한 것이다. 이 아이디어들은 발언자의 정당한 권리를 보호하는 동시에 거짓 루머로 인해 평판에 피해를 입게 되는 사람들을 비롯해서 사람, 장소, 사건에 대해 언급한 사실이 잘못 알려져 피해를 입게 될 다른 많은 사람들을 지켜 줄 안전장치를 마련하고자 하는 것이다.

프라이버시

허위 사실은 아니지만 개인의 프라이버시를 침해하는 루머들이 있다. 이런 루머에 대해서도 연방대법원은 제약을 가한다. 타임사 대對 힐 사건은 제임스 힐과 그의 아내, 그리고 다섯 명의 자녀가 제기한 소송이다. 이들은 탈옥수 3명에 의해 집안에 감금당했다.[81] 이들이 당한 일을 소재로 희곡이 쓰여졌고 라이프 매거진이 이 희곡에 대한 기사를 보도했다. 라이프는 이들 가족이 가혹행위를 당했다고 보도했는데 그것은 사실이 아니었다. 배심원단은 이 가족에게 3만 달러의 보상적 손해배상compensatory damages을 지불하라고 판결했는데 연방대법원이 이 결정을 뒤집었다. 연방대법원은 공공의 이익이 걸린 사안인 경우 "거짓인지 모르고 했거나 과실로 인한 오보에 대해 제재조치를 취하는 것은 언론이 헌법에 보장된 권리를 행사하는 것을 심각하게 위축할 위험을 초래한다. 이러한 헌법적 권리는 언론의 이익을 위한 것이 아니라 우리 모두의 이익을 위한 것이다"라고 밝혔다. 연방대법원은 이어서 "그렇기 때문에 처벌은 거짓인 줄 알면서 보도한 사실이 드러나거나, 부주의한 결정으로 허위사실을 보도한 사실이 드러난 경우에 한해 용인될 수 있다."

이 같은 법원의 결정은 프라이버시권이 침해되는 것을 막으려는 사람들의 노력에 심각한 제약을 가한다. 하지만 법원이 아주 좁은 의미로, 특정 사실 관계에 제한하여 판결을 내렸다는 사실에 주목하는 게 중요하다. 각각 서로 다른 고려를 하고 있는 다음 상황들을 살펴보자.

· 예를 들어 어떤 신문 혹은 블로거가 여러분이 관여한

사적인 모임을 심하게 왜곡해서 소개했다고 치자. 여러분은 그 때문에 당황스러워하고 피해를 입었다. 만약에 그 문제가 공적인 관심사가 아닌 경우, 법원 판결은 그 사건을 엉터리로 소개한 신문 혹은 블로거가 부정직한 생각으로 그렇게 한 것이 아니라 하더라도 과실의 책임을 물을 가능성을 열어둔다. 이런 경우 법원은 정부가 여러분에게 손해배상 소송을 허용할지 여부에 대해서는 판결을 하지 않는다.

· 여러분이 공적인 인물인 경우 사정은 달라진다. 법원은 프라이버시 침해에 대해 직접적으로 언급하지는 않았지만 공인, 특히 정치 분야에 몸담고 있는 사람의 경우 1차 수정헌법은 프라이버시 보호 노력에 대해 실질적인 제한을 가한다. 법원은 공적인 인물은 사적인 사실의 공개에 맞서서 자신을 지킬 능력을 상실한다는 식에 가깝게 판결을 내렸다.[82] 블로거 혹은 신문이 예를 들어 주지사나 상원의원에 대해 당황스럽고 심지어 피해를 입히는 사실을 공개하는 경우 헌법은 그렇게 할 수 있는 권리를 보호해 준다.

· 일반인과 관련한 사적인 사실 보도 문제를 다루는 경우 표현의 자유 원칙은 장애가 되지 않는다. 블로거나 사진기자가 여러분의 프라이버시를 침해한 경우, 다시 말해 거짓은 아니지만 매우 개인적인 사실을 공개하는 경우 헌법에 따라 법원은 손해배상 조치를 금지하지 않는다. 인터넷은 통제하기가 매우 어려운 게 사실이다. 특히 익명의 필자가 너무도 많기 때문에 그렇다. 하지만 개인적인 사실을 공개하는 경우, 그 사람들이 공적인 인물이 아닌 한 그들을 상대로 소송을 제기하는 것은 여전히 가능하다.[83]

통신품격법 230조

미국의 통신품격법Communications Decency Act 제230조에 따르면 웹사이트 운영자는 중상비방을 포함해 다른 사람이 올린 논평으로부터 면책이 된다. 관련 조항은 "인터랙티브 컴퓨터 서비스 제공자나 사용자 누구도 다른 정보 콘텐츠 제공자가 제공한 정보의 발행인 내지 발언자로 간주되지 않는다"라고 규정하고 있다. 이 조항은 다른 사용자가 행한 명예훼손이나 프라이버시 침해를 포함해 법적으로 문제가 있는 행위에 대해 인터넷 서비스 제공자에게 책임을

물을 수 없다는 의미로 해석되고 있다.[84]

중요한 사례 하나를 들자면 아메리칸 온라인American Online 게시판에 오클라호마 시티 폭파 사건과 관련해 심한 욕설이 담긴 셔츠 판매 광고 메시지가 떴다. 원고인 케니스 지런은 그 메시지를 올리지도 않았고 사실상 메시지와는 아무런 관계도 없는 사람인데 그의 집 전화번호가 메시지에 올랐다. 그는 분노한 사람들로부터 셔츠 판매와 관련해 항의 전화를 수도 없이 받았다. 그는 AOL측에 항의하며 욕설 셔츠 판매와 무관하다는 사실을 밝혀 달라고 여러 차례 요구했다. AOL이 이런 요구에 즉각 대응하지 않고 시간을 끌자 지런은 소송을 제기했다. 법원은 통신품격법 제230조를 들어 "컴퓨터 서비스 제공자는 제3자가 제공한 정보에 대해 책임이 분명히 면제된다"는 중대한 판결을 내렸다.

제230조 내용을 제대로 해석한 것인지 여부와 관계없이 판결이 의미하는 바는 분명하다. 그것은 바로 블로거를 포함해 웹사이트 운영자가 명예훼손적인 내용의 게시물을 허용하고, 그것을 삭제하기 위한 조치를 취하지 않는

다 해도 운영자는 아무런 책임을 질 위험이 없다는 것이다. 거짓 루머가 어떻게 전파되는지에 대해 살펴본 내용에 비추어 본다면 합리적인 사람들은 이게 올바른 조항이라고 생각하지 않을지 모른다. 많은 서비스 제공자들이 엄청나게 많은 사람들에게 글 쓰기를 허용해 주고 있다. 그들에게 글의 내용을 모두 스크린하라고 요구하는 것은 엄청난 부담이 될 것이다. 이들에게 거액의 손해배상이 포함된 책임을 지라고 한다면 이는 표현의 자유에 받아들이기 힘든 제약을 가하는 것이 된다. 그렇지만 통지 후 삭제하도록 하는 조치가 그렇게 나쁜 것인가? 적어도 문제의 자료 내용이 정확하지 않고, 증거로 뒷받침되지도 않는다면 명예훼손적인 내용이 들어 있다고 통지한 다음 해당 자료를 삭제하라고 하는 요구를 그렇게 나쁘다고 할 수 있는가?

나는 법률 연구에 많은 시간을 쏟은 사람이고 법을 준수하는 것은 물론 중요하다. 하지만 루머 유포에 관한 문제라면 문화와 사회적 규범이 더 고려돼야 한다고 생각한다. 가장 중요한 문제는 루머꾼들이 어떤 짓을 하고 , 그것이 사람들에게 어떻게 받아들여지는가 하는 것이다. 앞으로 자신의 이익을 추구하거나 남을 위하거나, 사악하거나 상관없이 루머꾼들이 거짓 루머를 퍼뜨려서 직간접적으로, 경제적 혹은 비경제적인 보상을 받는 디스토피아 dystopia 같은 미래가 올지도 모른다. 이런 자들은 루머의 진실 여부에는 아무런 관심도 없다. 그저 폭포효과와 극단화를 통해 수많은 사람이 그러한 허위사실을 믿도록 만들려고 할 뿐이다. 그리고 편향 동화를 통해 수많은 근거 없는 믿음들이 완고하게 자리를 지키게 된다. 그런 미래가 오면 사람들은 특히 자신들이 속한 특수한 집단에서 유래하거나, 아니면 유래한 것처럼 보이는 주장들을 믿게 된다. 그리고 그런 주장들은 자신들이 갖고 있는 희망사항이나 분노, 공포 그리고 성향에 잘 들어맞는 내용들이다. 그런 미래에는 다양한 반향실에 틀어박혀 사는 사람들끼리 각자 서로 전혀 다른 믿음을 갖게 된다. 그런 세상에 사는 사람들은 다른 사람을 끔찍한 사람으로 보이게 만드는 루머들을 얼마든지 받아들인다. 그러한 상대가 자기의 적이거나, 아니면 적으로 생각되는 사람인 경우에는 특히 더 그렇다.

이와 달리 거짓 루머를 퍼뜨리는 사람들이 불신 당

하고 주변으로 밀려나는 미래도 생각해 볼 수 있다. 그런 세상이 되면 거짓 루머의 강한 전파성에 경각심을 가지고, 독립적으로 사고하는 개인과 집단이 나서서 폭포효과를 저지한다. 그렇게 되면 집단 극단화는 극단화에 대한 광범위한 사회적 인식에 의해 억제 당하게 된다. 그리고 사람들은 겸허한 자세로 자신이 틀릴 수 있다는 사실을 받아들여, 자기가 생각하는 방향과 들어맞지 않더라도 보다 열린 자세로 진실을 대하게 된다. 그런 미래가 되면 사람들은 막강한 권력을 가진 사람이건 그와 정반대의 위치에 있는 사람이건 거짓 루머가 일상생활의 한 부분이 될 수 있다는 사실에 철저한 경각심을 갖게 될 것이다. 물론 루머를 듣기야 하겠지만 사람들은 일정한 거리를 두고 냉정한 눈으로 루머를 대하게 될 것이다. 그렇게 해서 인터넷 상에 오른 루머도 타블로이드 잡지에 실린 루머와 같은 종류로 간주하게 될 것이다. 그런 미래가 오면 사람들은 아무리 듣기 좋고 자신의 편견과 선입관에 들어맞는 루머라 해도 회의적인 자세로 대하게 될 것이다.

이 가운데 어떤 미래를 선택할지는 우리 손에 달렸다.

어떻게 할 것인가

합리적인 사람들도 사실 여부에 관계없이 루머를 믿는다. 인터넷 상에서 루머꾼들이 자기 이익을 챙기거나 혹은 남을 위한다는 명분으로 유명인사나 단체를 상대로 루머를 퍼뜨리는 일이 점점 더 쉬워지고 있다. 그러한 루머는 해당 인물의 정직성, 품위, 공정성, 애국심, 때에 따라서는 정신이 온전한지 여부에 대해서까지 의문을 제기하게 된다. 루머는 공적인 인물을 철저히 부패한 인물로 그리는 경우도 허다하다. 공적인 영역에 속해 있지 않은 사람들도 루머에 취약하기는 마찬가지다. 불과 눈깜짝할 사이에 손쉽게 누구든 판단력이 형편없고, 아주 고약한 행동을 한 것으로 묘사해서 그 사람의 명성에 피해를 입힐 수 있게 되었다. 인터넷은 피해를 입히는 정보를 순식간에 세상에 내보낸다. 그리고 인터넷은 누구든 그러한 정보를 순식간에 그리고 손쉽게 접할 수 있도록 만들어 준다.

루머가 성공하느냐 실패하느냐의 여부는 사람들이 원래 갖고 있는 믿음에 따라 크게 좌우된다. 많은 이들이 공적인 인물이나 중요한 조직에 대해 좋지 않은 주장을 들으면 쉽게 받아들이는 경향이 있다. 그런 말을 듣고 사실이라고 받아들이면 심리적으로 안도감이 생길 수도 있고, 아니면 원래 갖고 있는 성향을 뒷받침 받게 되고, 그러면 인지적 부조화를 줄이고 자기가 원하는 방향으로 그 정보를 맞춰 나가게 되는 것이다. 이와 달리 해당 인물이나 조직에 대해 우호적인 생각을 갖고 있는 사람들은 똑같은 말을 들어도 기분이 편치 않고 인지적 부조화를 느끼게 되기 때문에 쉽게 부정해 버린다.

동기가 유발하는 이런 경향은 인지 작용에 의해 보

완된다. 원래 어떤 입장을 갖고 있다면 그것은 우리가 아는 정보의 영향 때문인 경우가 많다. 만약에 어떤 루머가 우리가 이미 알고 있는 내용과 잘 들어맞는다면 그것이 사실이라는 결론을 내릴 이유가 충분히 되는 것이다. 또한 만약에 그 루머가 우리가 갖고 있는 기존 지식과 크게 차이가 난다면 우리는 그것을 신뢰하지 않을 충분한 이유를 갖게 되는 것이다. 사람과 집단에 따라 자신이 갖고 있는 기존의 지식과 잘 부합되지 않는 믿음을 받아들일 때는 각자 고유하고 서로 다른 수용 문턱을 적용한다. 인지 부조화 상태에서 어떤 믿음을 받아들일 때는 충분한 근거가 있어야만 그렇게 한다. 다른 사람들이 모두 그렇게 믿는다면 그것도 그런 근거 가운데 하나가 된다. 그 사람들이 믿을 만한 사람들이거나 그런 사람의 수가 많을 때, 혹은 믿을 만하고 수도 많은 경우는 특히 더 그렇다. 사람들은 각자 서로 다른 판단 기준을 갖고 있고, 그것을 바꾸는 데 적용하는 수용 문턱도 각자 다르다. 그렇기 때문에 우리는 합리적인 사람들이 모인 어떤 집단이 다른 합리적인 사람들의 집단이 갖고 있는 특정 믿음에 대해 극단적으로 반대하는 경우를 볼 수 있다. 그런 믿음들 가운데는 집단 구성원들로부터 열렬한 지지를 받기는 하지만 전혀 근거가 없는 것들도 있다.

루머 전파는 폭포효과와 집단 극단화의 결과로 일어나는 경우가 종종 있다. 실제로 루머가 유포되는 과정을 보면 마치 정보의 폭포효과를 설명하는 모범 교과서 같다. 불완전한 정보를 갖고 있거나 전혀 정보가 없는 사람들이 다른 사람들에게서 듣는 루머를 믿고 받아들인다. 그리고 점차 많은 사람들이 그 루머를 받아들임에 따라 그 정보가 주는 신호는 아주 강력해져서 나머지 다른 사람들은 그게 거짓 정보라 해도 저항하기가 어렵게 된다. 동조화 폭포효과도 마찬가지다. 사람들은 루머를 실제로 믿어서가 아니라 다른 사람들의 비위를 맞추기 위해 믿는 것처럼 보이게 행동하는 것이다. 꽉 짜여진 커뮤니티에서는 무엇보다도 사람들이 사회적인 제재를 당하지 않으려고 하기 때문에 거짓 루머가 깊이 자리잡을 수가 있다. 집단 극단화 역시 큰 역할을 하는데, 사람들은 같은 생각을 가진 사람들과 토론을 하는 것만으로도 루머에 대한 믿음이 더 강해지기 때문이다. 예를 들어 고용주들이 피고용인에 대해 어떤 말을 듣고, 교사들이 학생에 대해, 유권자들이 공직 출마자에 대해 어떤 말을 듣는 경우 이러한 전형적인 집단 극단화가 발생하게 된다.

이런 점에서 균형 잡힌 정보와 틀린 내용을 확실하게 바로잡아 주면 거짓 루머를 물리칠 수 있을 것으로 생각하기 쉽다. 그럴듯한 생각이기는 하지만 여러 가지를 감안하고 들어야만 한다. 어떤 루머에 대한 믿음이 강해서 그것을 부정하는 사람들의 말을 믿지 않는 경우에는 루머가 사실이 아니라고 해봐야 크게 달라지지 않을 것이다. 편향 동화 현상은 합리적인 토론이 오히려 비이성적인 입장을 강화하고 극단화를 높이는 결과를 낳을 수 있음을 보여준다. 더 놀라운 것은 잘못된 내용을 바로잡아 주려는 노력은 의도한 바와 달리 사람들로 하여금 잘못된 인식에 대한 믿음을 더 강화시켜 줄 수 있다는 것이다. 이때도 기존의 강한 신념과 빗나간 신뢰가 결정적인 역할을 한다. 어떤 루머를 믿고 있으며, 그것을 부정하는 다른 사람들의 말을 믿지 않는다면 그 루머를 바로잡아 준다고 해도 별

도움이 안 된다. 거짓 루머를 바로잡으려면 루머를 믿는 사람들이 보기에 특별히 신뢰할 수 있는 인물이 그러한 메시지를 전달해야만 한다.

지금과 같은 현대에서는 거짓 루머를 반박하기가 쉬워졌고 공식, 비공식 소식 전달자에 대한 의심도 많아졌기 때문에 거짓 루머에 대한 안전장치 역할을 해줄 것이란 생각을 하기가 쉽다.

경험적인 증거는 아직 없지만 이런 희망적인 생각은 너무 낙관적이라고 할 수 있다. 위축효과의 위험성은 심각하게 받아들여야 하는 게 사실이다. 그리고 인터넷 상에서 거짓 루머를 즉각 바로잡는 노력을 할 수 있는 것 또한 사실이다. 하지만 인터넷 시대에도 생각의 시장으로 진실을 만들어내지 못할 수가 있다. 이 책에서 다룬 사회적 메커니즘을 보면 어떤 시장이든 많은 사람이 해롭고 파괴적인 거짓을 받아들이도록 만들 수 있다는 것을 알 수 있다. 극단적인 경우에는 그러한 거짓이 시기와 두려움, 증오, 심지어 폭력을 만들어낸다. 해로운 루머에 대해 가해지는 일정 수준의 위축효과는 엄청나게 중요하다. 위축효과는 사람들이 무시당하지 않고, 거칠게 취급당하지 않고, 평판에 부당한 피해를 입지 않도록 지켜 줄 수 있을 뿐 아니라 민주주의 자체가 제대로 기능하도록 지켜 준다.

감사의 글

이 글을 쓰는 데 도움을 준 많은 사람들에게 감사 드린다. 이 책에 담긴 많은 핵심 아이디어는 2008년 11월 시카고대에서 열린 학회에서 발표한 논문을 발전시킨 것이다. 귀중한 코멘트와 여러 가지 조언을 해준 패널 동료 솔 레브모어Saul Levmore와 학회 공동주최자인 마사 너스바움Martha Nussbaum에게 감사 인사를 전한다. 그리고 이 주제를 놓고 나와 수없이 많은 토론을 한 너스바움에게는 특별한 감사를 드린다. 에드워드 글래저Edward Glaeser는 이 책에 쓴 몇 가지 아이디어를 발전시키는 데 도움을 주었고, 이 주제에 대해 공동작업을 했다(미출간). 엘리자베스 이멘스Elizabeth Emens는 이 책의 초안을 보고 도움이 되는 코멘트를 해주었다. 그리고 에이드리언 버뮬Adrian Vermeule은 음모 이론에 대해 관련 작업을 공동으로 진행했고, 기타 소중한 토론을 숱하게 가졌다. 나의 에이전트인 세라 숄펀트Sarah Chalfant는 논문을 책으로 만드는 데 주도적인 역할을 했고, 에디터인 토머스 레빈Thomas Lebien 은 이 프로젝트의 주요 협력자가 되어 주었다. 그의 세심한 생각과 조언 덕분에 한결 더 훌륭한 책이 되었다. 나의 아내 사만타 파워 Samantha Power는 작업 전 과정에서 큰 도움을 주었다.

이 책의 원고는 2009년 1월 중순에 완성되었는데, 그 뒤 나는 행정관리예산국OMD 수석자문관으로 일을 시작했고 그러고 나서 규제정보국OIRA 책임자Administrator로 자리를 옮겼다. 이 책에 쓴 논점이나 주장은 절대로 행정부의 입장을 대변하는 게 아님은 두말할 필요도 없겠다. 행정부 일을 시작한 뒤에 내게 중요한 한 가지 사건이 생겼는데, 2009년 4월 29일에 아들 디클랜Declan이 태어난 것이다.

참고 문헌

1 Cass R. Sunstein과 Adrian Vermeule 공저, Conspiracy Theoris, J. Polit. Phil. (2009) 참조. 이 부분은 이 책에서 인용한 것임.

2 다음 책 참조. MARK LANE, PLAUSIBLE DENIAL: WAS THE CIA INVOLVED IN THE ASSASSINATION OF JFK? (1991) (arguing that it was); ALAN CANTWELL, AIDS AND THE DOCTORS OF DEATH: AN INQUIRY INTO THE ORIGINS OF THE AIDS EPIDEMIC (1988) (에이즈가 게이들을 겨냥해 추진한 생화학 프로그램의 산물이라고 주장함); Don Phillips, Missile Theory Haunts TWA Investigation; Despite Lack of Evidence and Officials' Denials, Some Insist Friendly Fire Caused Crash, 워싱턴 포스트, Mar. 14, 1997, at A03; 149 CONG. REC. S10022 (daily ed. July 28, 2003) (인호프 상원의원 발언) ("이 요란한 히스테리, 공포, 엉터리 과학들의 주장을 보라. 인간이 만든 지구온난화가 결국 미국민을 상대로 한 거창한 사기극이란 말인가? 나는 그렇다고 생각한다."); David Mills, Beware the Trilateral Commission!; The Influential World Panel Conspiracy Theorists Love to Hate, 워싱턴 포스트,

Apr. 25, 1992, at H1 (삼변회에 대한 여러 음모이론 소개); WILLIAM F. PEPPER, AN ACT OF STATE: THE EXECUTION OF MARTIN LUTHER KING (2003) (군과 CIA를 비롯한 정부조직 내 여러 세력이 킹 목사 암살에 가담했다고 주장함); Kevin Diaz, Findings Don't Slow Conspiracy Theories on Wellstone Crash; An Official Investigation Has Focused on Pilot Error and Weather. Some Observers Still Have Suggested a Political Plot., STAR TRIBUNE (Minn.), June 3, 2003, at A1; Patty Reinert, Apollo Shrugged: Hoax Theories About Moon Landings Persist, 휴스턴 크로니클, Nov. 17, 2002, at A1.

3 Cass R. Sunstein과 Adrian Vermeule 공저, Conspiracy Theoris, J. Polit. Phil. (2009) 참조. 이 부분은 이 책에서 인용한 것임.

4 Cass R. Sunstein의 책 Why Groups Go To Extremes (New York: Oxford University Press, 2009) 참조.

5 Abrams v United States, 250 US 616, XXX (1919) (Holmes, J., dissenting) 참조.

6 Allport & Postman, 앞의 책 503쪽 참조.

7 Leon Festinger, A Theory of Cognitive Dissonance (1958) 참조.

8 Timur Kuran, Private Truths, Public Lies (Cambridge: Harvard University Press, 1998); Marc Granovetter, Threshold Models of Collective Behavior, 83 Am Journal

Sociology 1420 (1978) 참조.

9 다음 저작물의 내용을 소개했음. David Hirshleifer, The Blind Leading the Blind: Social Influence, Fads, and Informational Cascades, in The New Economics of Human Behavior 188, 193–95 (Mariano Tommasi & Kathryn Ierulli eds.) (Cambridge: Cambridge University Press, 1995), 그리고 Cass R. Sunstein, Why Societies Need Dissent 55–73 (Cambridge: Harvard University Press, 2003)의 토론 내용 소개.

10 John F. Burnham, Medical Practice a la Mode: How Medical Fashions Determine Medical Care, 317 New England Journal of Medicine 1220, 1201 (1987) 참조.

11 Hirshleifer, 앞의 책 204쪽 참조.

12 Sushil Bikhchandani et al., Learning from the Behavior of Others: Conformity, Fads, and Informational Cascades, 12 J. Econ. Persp. 151, 167 (1998) 쪽 참조.

13 여기 소개된 내용은 Knopf의 앞의 책을 참고했음.

14 여기 소개된 내용은 Knopf의 앞의 책을 참고했음.

15 같은 책에서 참조.

16 Matthew Salganik et al., Leading the Herd Astray: An Experimental Study of Self-Fulfilling Prophecies in an Artificial Cultural Market, Social Psychology Quarterly (2009) 참조.

17 Fabio Lorenzi-Cioldi & Alain Cl?mence, Group Processes

and the Construction of Social Representations, in Blackwell Handbook of Group Psychology: Group Processes 311, 315-17 (Michael A. Hogg & R. Scott Tindale eds., Oxford: Blackwell Publishing, 2001) 참조.

18 Solomon Asch, Opinions and Social Pressure, in Readings About the Social Animal 13 (Elliott Aronson ed.) (New York: W.H. Freeman, 1995) 개요를 참고하기 바람.

19 Solomon Asch, Social Psychology 453 (Oxford: Oxford University Press, 1952) 참조.

20 Asch, Opinion and Social Pressures, 앞의 책 13쪽 참조.

21 위와 같은 책

22 위와 같은 책

23 Aronson, 앞에 소개한 책 23-24쪽 참조.

24 Robert Baron et al., Group Process, Group Decision, Group Action, 앞에 소개한 책 66쪽 참조.

25 Timur Kuran, Public Lies, Private Truths (Cambridge, Mass.: Harvard University Press, 1998) 참조.

26 Allport and Postman, 앞에 소개한 책 35쪽 참조.

27 Reid Hastie, David Schkade, and Cass R. Sunstein, What Really Happened on Deliberation Day, California Law Review (2007) 참조.

28 Roger Brown, Social Psychology: The Second Edition (New York: The Free Press, 1986) 참조.

29 STONER, J. A. F., A COMPARISON OF INDIVIDUAL AND GROUP DECISION INVOLVING RISK (1961) (unpublished Master's thesis, Massachusetts Institute of Technology) 참조.

30 Lawrence Hong, Risky Shift and Cautious Shift: Some Direct Evidence on the Culture Value Theory, 41 Social Psych 342 (1978) 쪽 참조.

31 위와 같은 책 참조.

32 Serge Moscovici & Marisa Zavalloni, The Group as a Polarizer of Attitudes, J. Personality & Soc. Psychol. 12, 125-135 (1969) 쪽 참조.

33 앞서 소개한 Roger Brown의 책 (1985) 210-12쪽 참조.

34 앞에 소개한 Hung의 책 참조.

35 John C. Turner et al, Rediscovering the Social Group: A Self-Categorization Theory 142-170 (1987) 쪽 참조.

36 앞의 책 153쪽 참조.

37 위와 같음.

38 Paul Cromwell et al., Group Effects on Decision-Making by Burglars, 69 Psychol. Rep. 579, 586 (1991) 쪽 참조.

39 Norris Johnson et al., Crowd Behavior as "Risky Shift": A Laboratory Experiment, 40 Sociometry 183 (1977) 쪽 참조.

40 위의 책 186쪽

41 E. Allan Lind et al., The Social Construction of Injustice: Fairness Judgments in Response to Own and Others'

Unfair Treatment by Authorities, 75 Organizational Behavior and Human Decision Processes 1 (1998) 참조.

42 Robert Baron et al., Social Corroboration and Opinion Extremity, 32 J Experimental Soc. Psych. 537 (1996) 쪽 참조.

43 Mark Kelman et al., Context-Dependence in Legal Decision Making, 25 J. Legal Stud. 287, 287-88 (1996) 쪽 참조.

44 Baron et al., supra note 앞에 소개한 책 참조.

45 Allport and Postman, 앞에 소개한 책 182쪽 참조.

46 Tolga Koker and Carlos Yordan, Microfoundations of Terrorism: Exit, Sincere Voice, and Self-Subversion in Terrorist Networks (unpublished manuscript 2009) 참조.

47 Allport and Postman, 앞에 소개한 책 182쪽 참조.

48 Marc Sageman, Leaderless Jihad (Philadelphia: University of Pennsylvania Press, 2008) 참조.

49 앞의 책 116쪽 참조.

50 앞의 책

51 음식선택과 관련한 내용은 Joseph Henrich et al., Group Report: What is the Role of Culture in Bounded Rationality?, in Bounded Rationality: The Adaptive Toolbox 353-54, (Gerd Gigerenzer & Reinhard Selten, eds., Cambridge: MIT Press, 2001353-54쪽) 참조.

52 Edward Glaeser, Psychology and Paternalism, 73 U Chi L Rev 133 (2006)쪽 참조.

53 루머의 처리 방식에 대해서는 Allport and Postman, 앞에 소개한 책 105-115쪽에 잘 설명되어 있음.

54 Lee Ross et al., Perseverance in self-perception and social perception: Biased attributional processes in the debriefing paradigm, 32 Journal of Personality and Scoial Psychology 880 (1975)쪽과 Dan Kahan et al., Biased Assimilation, Polarization, and Cultural Credibility: An Experimental Study of Nanotechnology Risk Perceptions (unpublished manuscript 2008) 참조.

55 Brendan Nyhan and Jason Reifler, When Corrections Fail: The Persistence of Political Misperceptions (unpublished manuscript 2008) 참조.

56 앞에 소개한 Ross의 책 참조.

57 Charles Taber et al., The Motivated Processing of Political Arguments (unpublished manuscript 2008) 참조.

58 Brendan Nyhan and Jason Reifler, When Corrections Fail: The Persistence of Political Misperceptions (unpublished manuscript 2008) 참조.

59 앞의 책 13쪽

60 앞의 책 13쪽

61 앞의 책 14쪽

62 Carl I. Hovland & Walter Weiss, The Influence of Source Credibility on Communication Effectiveness, 15 Public

Opin Quart 635–50 (1951–52) 쪽 참조.

63 Leon Festinger, A Theory of Cognitive Dissonance (1959) 참조.

64 Kahan et al., Biased Assimilation, 앞의 내용 참조.

65 Cass R. Sunstein, Laws of Fear (New York: Cambridge University Press, 2006) 참조.

66 Bordia and DeFonzo, 앞의 내용 참조.

67 Tamotsu Shibutani, Improvised News: A Sociological Study of Rumor 46 (1966) 참조.

68 앞에 소개한 Knopf의 책에 많은 사례가 소개되어 있음.

69 앞에 소개한 Knopf의 책에 많은 사례가 소개되어 있음.

70 앞에 소개한 Knopf의 책에 많은 사례가 소개되어 있음.

71 앞에 소개한 Knopf의 책에 많은 사례가 소개되어 있음.

72 Cox Broadcasting Corp v. Cohn, 420 US 469 (1975) 참조.

73 위와 같음.

74 Daniel Solove, The Future Of Reputation: Gossip, Rumor, and Privacy on the Internet (2008) 참조.

75 Daniel Solove, The Future Of Reputation: Gossip, Rumor, and Privacy on the Internet (2008) 참조.

76 http://www.chillingeffects.org 참조.

77 위와 같음.

78 위와 같음.

79 418 US 323 (1974) 참조.

80 위와 같음.

81 Hustler Magazine v. Falwell, 485 US 46 (1985) 참조.

82 Hustler Magazine v. Falwell, 485 US 46 (1985) 참조.

83 Eugene Volokh, Freedom of Speech, Information Privacy, and the Troubling Implications of the Right to Stop People from Speaking About You, Stan L Rev (2000) 에서 귀중한 토론 자료를 볼 수 있음.

84 Zeran v. America Online, Inc., 129 F.3d 327 (4th Cir. 1997)

통렬한 루머의 사회심리학

–한국사회 '촛불'의 비밀을 이해하는 하나의 방법

윤평중(한신대 철학과 교수)

I

'루머'는 하버드대 법학전문대학원 석좌 교수Felix Frankfurter Professor of Law인 캐스 선스타인Cass Sunstein이 2008년 11월 시카고의 학회에서 발표한 논문을 확장해 2009년 출간한 신작이다. 이 책은 특정 주제에 대한 학문적 통찰의 열매를 전문 학계 안에 국한시키지 않고 일반 대중과 공유하는데 뛰어난 솜씨를 지닌 저자가 베스트셀러 '넛지'에 이어 펴낸 작품이다. 그리 길거나 어렵지도 않고 여러 실제 사례를 담고 있어 흥미진진하게 읽을 수 있는 이 책은 부제가 말하는 것처럼 '어떻게 거짓이 퍼지고, 왜 사람들이 거짓을 믿게 되며, 어떻게 해야 그걸 극복할 수 있는가?' 라는 문제에 대한 촌철살인의 분석을 보여 준다.

민주주의가 뿌리내리고 정보혁명이 가속화되며 표현의 자유가 신장되는데도 불구하고 거짓 루머가 줄기는 커녕 그 영향력은 오히려 확대되는 듯 보인다. 물론 루머는 인류의 역사와 궤를 같이하며 남을 헐뜯기 좋아하는 인간성의 어두운 심연과 맞닿아 있는 문제이기도 하다. 그러나 이 책의 과녁은 훨씬 큰 사회적 함의를 갖는다. 즉 인격 살인에 가깝게 남의 프라이버시를 파괴하고, 기관이나 단체, 심지어 국가 전체의 공신력에까지 막대한 타격을 주어 민주사회의 기반을 위협하기도 하는 거짓 루머의 위력이 정보화와 대중 민주주의의 결합에 의해 훨씬 가공할 만한 힘을 갖게 되었다는 것이다.

불과 일이십년 전의 가까운 과거와도 비교가 어려울 만큼 언론과 출판의 자유가 활짝 꽃핀 현대사회에서 왜 그런 현상이 발생하는 것일까? 저자는 정보의 바다인 인터넷과 첨단 정보기기의 유통이 현대인을 개명開明시켜 자유의 항해를 가능케 하기도 하지만, 동시에 한 사회 전체를 익사 직전의 혼몽昏懜한 상황으로 몰고 갈 수도 있다는 데 주목한다. 계몽의 세례를 충분히 받았다고 자부하는 현대인이 어떻게 거짓 루머에 그리 쉽게 현혹되는가? 자유사회의 시민들이 비판적 사회의식을 지닌 깨어 있는 주체임을 자처하면서도, 동시에 거짓 루머에 그리도 쉽게 휘

둘리는 이유는 무엇인가? 표현의 자유를 빌미로 한 루머의 무한 재생산이 오히려 현대 민주주의를 위협할 가능성은 없는가? 이 책은 이런 의문들을 선스타인 특유의 일목요연한 방식으로 해부하고 진단하는 통렬한 '루머의 사회심리학'이다.

개인적으로 나는 이 책을 받은 자리에서 바로 통독했을 만큼 재미있게 읽었다. 가장 큰 이유는 저자의 통찰이 '2008년 촛불과 한국사회'에 숨겨진 비밀의 일단을 손에 잡히게끔 선명히 드러내 보여주기 때문이다. 물론 '루머'는 한국에 대해 직접 거론하지는 않는다. 그러나 이 책은 거짓 루머의 생성과 전파 방식을 조명한 후, 루머가 거짓임이 밝혀진 뒤에도 대다수의 사람들이 그 루머가 거짓이라는 사실 자체를 완강히 부인하는 사회심리학적 이유에도 예리한 메스를 들이댄다.

여기서 나는 한국사회를 통타痛打한 '2008년 촛불'의 복합성을 논의의 전제로서 인정한다. 이명박 정부의 일방통행식 국정운영이 낳은 민심 이반, 멀리는 IMF 사태까지 소급되는 경제의 어려움, 민족주의적 정서의 폭발 등 촛불 현상의 배경에는 다양한 요인이 자리한다. 긍정적 측면에서 '2008 촛불'의 최대 의미는 민주시민의 활달한 자기표현에서 발견된다. 특히 내가 촛불의 정치철학적 명암을 논한 [사실과 합리성의 관점에서 본 '촛불']《철학과 현실》제79호(2008년 겨울, 57~67쪽)에서 다룬 것처럼, 2008년 6월 10일까지 전국적으로 수백만에 가까운 시민들이 참여한 촛불집회가 기존 운동정치의 상투성을 뛰어넘는 평화적 축제의 모습을 보인 건 진정 놀라운 일이다. 그것은 한국인의 에너지와 신명이 사회비판 의식과 유기적으로 결합되어 펼쳐진 한마당 대동굿이었으며 특히 남녀노소가 참가해 즐기는 유희의 측면이 의미심장한 바 있었다. 비장한 절규와 폭력을 통해서가 아니라 함께 하는 잔치라는 집합적 즐거움을 통해 시민들이 민주공화국을 노래하고 모든 권력은 국민으로부터 온다는 명제를 합창함으로써 한국이라는 정치공동체의 주인임을 확인했기 때문이다. 자기표현이 정치적 주체형성의 본질적 구성요소라는 교훈을 감안하면 촛불에서 드러난 미학적 자기표현과 시민정치의 결합은 참으로 의미심장한 현상인 것이다.

그러나 이와 함께 '2008 촛불'은 그 근원에서 사실과 합리성의 원칙에 위배된다는 결정적 문제를 안고 있었다. 주지하다시피 촛불의 확산을 가져온 원초적 출발점이자 귀환점은 독극물처럼 치명적인 것으로 여겨진 미국산 수입쇠고기의 인간광우병 위험성에 대한 대중의 공포와 분노였다. 초창기 촛불이 쓰나미의 위력으로 청소년을 포함한 일반 대중에게 삽시간에 파급된 데는 크게 두 가지 추동 요인이 있었다. 첫째, 탈출구가 없는 전 지구적 재앙으로 그려진 인간광우병에 대한 날것의 공포와 둘째, 이

명박 정부가 대미경제외교의 미명 아래 국민의 생명과 건강권을 그런 끔찍한 재앙 앞에 손쉬운 제물로 바쳤다는 격렬한 분노였다. 앞서 언급한 촛불 현상의 배경에 있는 여러 정치 사회적 맥락도 이 핵심을 비껴가지 못한다.

그러나 내가 보기에 미국산 쇠고기의 인간광우병 위험성에 대한 공포와 분노는 엄청나게 부풀려지고 오도된 것이었다. 따라서 이는 '2008 촛불'의 가장 어두운 그림자가 아닐 수 없다. 사실과 합리성의 관점에서 도출된 다음과 같은 의문은 그동안 나를 줄곧 곤혹스럽게 했다. 사실에 위배되며 합리적이지도 않은 거짓 루머가 촉발한 공포와 분노에 입각한 사회운동이 과연 도덕적으로 정당하며 실천적으로 현명한가? 계몽과 해방을 지향하는 실천운동일수록 과학적 사실과 합리성을 존중해야하지 않겠는가? 사실과 합리성에 입각하지 않은 모든 사회운동은 결국 자신의 토대를 허무는 자해적 운신으로 귀결되지 않는가?

이는 그때나 지금이나 참으로 고통스러운 질문이 아닐 수 없다. 보다 큰 문제는 '2008 촛불'을 선동과 조작의 광기로 폄하하는 관점과 경이로운 참여민주주의의 폭발로 보는 시각 사이에 전혀 접점이 존재하지 않는다는 데 있었다. 찢겨진 한국사회의 축도인 지식인 사회에서도 촛불에 대한 일방적 찬양과 신랄한 매도가 정면에서 부딪히면서 이분법의 파열음만을 증폭시키고 있었던 것이다. 나의 개인적인 고민은 '2008년 촛불'의 야누스적 얼굴과 연관해 정치적 주체 형성의 계기라는 긍정성의 단면과, 사실과 합리성의 파괴라는 부정성의 단면 사이에 적절한 연결고리가 부재하다는 데로 압축된다. 내게 선스타인의 '루머'는 모호한 그 연결고리를 발견하게 되는 개안開眼의 경험을 제공했다.

II

이 책은 크게 두 가지 목표를 겨냥한다. 첫째, '왜 사람들이 거짓이거나 파괴적인 루머와 황당하기 짝이 없는 루머를 받아들이는 것인가?'를 해명하는 작업이다. 둘째, '거짓 루머의 악영향에 맞서 우리 자신과 사회를 지키려면 어떻게 해야 하는가?'를 다루는 부분이다. 첫째는 문제의 진단이며 둘째는 해법을 제시하는 처방이라 할 수 있을 것이다. 특히 진단 부분이 이 책의 압권이라 할 수 있는데 비해 처방 부분은 상대적으로 취약한 느낌이다. 저자는 우선 루머를 사람과 집단, 사건, 단체와 관련해 진실이라고 입증되지 않은 사실을 주장하는 것으로 규정한다. 여기서 저자는 사람들이 어떤 루머를 믿을 때 나름대로 철저히 합리적인 사고를 통해 그렇게 믿는 경우가 많다는 데 주목한다.

이 점이 매우 중요하다. 즉 현대 대중사회에서 유통되는 종류의 루머는 비이성적인 미신과 비과학적인 야만의 소산이라기보다는, 제한된 합리성과 자기중심적 사유의 산물인 경우가 많다는 것이다.

저자에 의하면 루머는 '사회적 폭포효과'와 '집단 극단화'라는 두 가지 서로 다른 경로를 통해 전파되는데 이 두 경로는 서로 중첩되기 마련이다. 폭포효과는 우리가 판단을 내리면서 타인의 생각과 행동에 의존하려는 경향을 보일 때 발생한다. 무리에 앞장서서 움직이는 사람이 하는 말이나 행동을 다른 사람들이 따라서 할 때 정보의 유통은 폭포가 된다. 이런 '정보 폭포현상'의 기본 작동원리는 의외로 간단하다. 일단 어느 정도 수의 사람이 루머를 믿게 되면 다른 사람들도 그걸 따라 믿게 된다. 그 루머가 거짓이라고 판별할 수 있게 하는 확실한 이유가 없는 한 그렇다. 그리하여 점점 많은 사람들이 다중의 생각에 의존하며 시간이 갈수록 다중의 규모는 폭포처럼 커지면서 모든 걸 휩쓸어 버리게 된다. 압도적 다수의 사람들이 루머를 믿을 때 그 루머는 대다수 사람들의 믿음이라는 이유 때문에라도 거부하기 어려운 막강한 힘을 갖게 되는 것이다.

인터넷 상에서는 이런 정보의 폭포현상이 일상 다반사로 일어나기 때문에 사람들이 아주 치명적인 거짓 사실까지 쉽게 믿게 되며, 일단 정보의 폭포현상에 노출된 사람들은 자기 맘속에 있는 의문을 잘 표현하지 않게 된다. 정보 폭포현상은 결국 '동조화同調化 폭포현상' 으로 이어진다. 저자에 의하면 동조화 폭포란 사람들이 자신의 견해가 무엇이든 상관없이, 그리고 의문이 들더라도 상관없이 집단과 행동을 같이함으로써 다른 사람들로부터 좋은 평판을 듣고 싶어하는 사회심리를 지칭한다. 이런 동조화 폭포현상이 만연하면 사람들은 '집단 극단화' 의 함정에 빠지게 된다. 즉 어떤 집단의 구성원은 비슷한 생각을 지닌 사람들끼리 이야기를 나누면서 자기 확신을 확대재생산하게 된다는 것이다. 이는 내부 토론이 루머를 한층 더 강화시켜 준다는 사실을 의미한다. 집단 내에서의 정보 교류와 논의가 거짓을 시정하기는커녕 기존의 믿음을 강화시키게 된다는 것이다.

이런 거짓 루머의 작동원리를 알게 되면 우리는 왜 루머를 시정하는 것이 그리도 어려운 일인가 하는 이유도 깨달을 수 있게 된다. 정보 폭포현상과 동조화 폭포현상을 합친 사회적 폭포효과와 집단 극단화가 서로 상승효과를 불러오는 메커니즘의 결과, 잘못된 신념을 갖도록 만든 바로 그 과정 때문에 사람들이 잘못을 바로잡는 일에 저항하는 사태가 초래되기 때문이다. 인간은 정보를 중립적 방식으로 처리하지 않는다. 사람들은 자신이 이미 갖고 있는 편향된 입장에 맞게 정보를 처리하는 경향이 있는데, 전문가도 예외가 아닌 이런 일반적 경향은 '편향 동화' 라는 이름으로 불린다.

그 결과 루머를 믿는 사람들은 무슨 수를 써 봐도 루머에 대한 믿음이 더 강해질 뿐이다. 거짓 루머들의 사실성과 합리성 여부에 대해 아무리 균형 잡힌 토론이 진행되는 것을 지켜보더라도 사정은 크게 변하지 않는다. 루머를 바로잡는 내용이나 이성적 요구는 루머를 믿는 사람들을 오히려 화나게 만들어 방어적 입장을 취하게 하고, 루머 수정을 그토록 강하게 요구한다는 것 자체가 중대한 흑막을 포함한다고 믿게 하는 경향이 있다는 것이다. 저자가 수다한 실제 사례를 들면서 예시하는 이 모든 사회심리학적 통찰은 왜 거짓 루머를 광정匡正해 사실과 합리성의 지평으로 현대인을 인도하는 게 그렇게도 힘든 일인지를 거울처럼 선명하게 드러내 보여 준다.

그렇다면 사람들로 하여금 거짓 루머를 믿도록 유도하는 정보 폭포현상과 집단 극단화의 위험성을 줄이기 위해서는 어떻게 해야 할까? 가장 표준적으로 전승되어 온 모범답안은 '생각의 시장' 을 활성화하고 표현의 자유를 극대화시켜야 한다는 것이다. 그러나 선스타인은 이에 대해서도 절제된 태도가 요구된다고 역설한다. 생각의 시장이 작동하는 경우도 있지만 그렇지 않은 경우도 비일비재하기 때문이다. 생각의 시장이 진실을 검증하기는커녕 많은 사람을 거짓으로 인도하기도 할 뿐 아니라, 표현의 자유가 남용되면서 시민들의 생명이 위협당하고 비즈니스가 손상되며 민주주의의 기반 자체가 흔들릴 수도 있기 때문이다. 이런 복합적 현실은 '루머'의 저자로 하여금 표현의 자유를 해치지 않으면서 거짓 루머의 영향력을 줄일 수 있는 '위축효과'의 도입 필요성을 논의하게 만든다. 공론장을 저해하지 않으면서도 거짓 루머를 위축시킬 수 있는 사회적 규약과 법률의 도입이 때로는, 그리고 어느 정도는 불가피하다고 선스타인이 주장하는 이유가 여기에 있다.

결론 부분에서도 저자는 특유의 균형감각을 과시한다. 그는 민주주의와 헌법에 의거해서 통치가 이루어지는 사회에서는 생각의 시장이 지닌 자정 기능과 표현의 자유에 대한 존중이 종국에는 진리를 승리자로 만든다는 생각이 순진한 낙관론으로 이어지는 것에도 경계해 마지않는다. 위에서 설명한 루머의 메커니즘은 소박한 낙관론이 의외로 취약할지도 모른다는 개연성을 폭로하기 때문이다. 따라서 저자는 다음과 같은 조심스러운 처방을 제시한다. 사회적 규약과 법이 강제하는 위축효과가 전혀 없는 사회는 대단히 추악한 곳이 될 것이므로, 경우에 따라서는 위축효과가 좋은 약이 될 수 있다는 사실이 인정되어야 한다는 것이다. 결국 루머에 대한 처방전의 핵심은 '우리사회가 어떻게 하면 적정선의 위축효과만을 필요로 하는 최적의 상태에 이를 수 있겠는가?' 의 문제일 터이다.

III

책의 길이로만 보면 '루머' 는 소품이지만, 혜안慧眼이 그득한 내용으로 보면 역작이라 할 수 있다. 다른 논제에는 칼날같이 예리한 지성을 과시하는 지식인들조차 '2008년 촛불' 의 복합성을 해부하는 데 있어서는 왜 균형잡힌 인식을 하지 못하며, 명명백백한 사실을 인정하는 데 왜 그리 인색한지의 이유를 이 책은 짐작할 수 있게 해 준다. 이 책은 쇠고기를 좋아하고 끊임없이 그리워하면서도 2008년 촛불 이후 쇠고기를 전혀 손대지 않는 어떤 지인의 잘못된 확신을 논파하는데 번번이 실패한 나에게, 그런 설득이 어려울 수밖에 없다는 작은 자기 위안을 선사한다.

이 책의 가장 큰 덕목은 민주주의와 포퓰리즘 사이의 경계가 본질적으로 희미할 수밖에 없다는 사회심리학적 설명의 일단을 제공한 데 있다. 사실과 합리성의 원칙 위에 기초한 정치철학을 탐구하는 나의 입장에서 볼 때 이 책의 독서 경험은 정녕 계몽적인 것이었다. 사실과 합리성을 존중해야 한다는, 너무나도 당연한 요구가 공소한 울림에 그치지 않기 위해서도 사실과 합리성의 안티테제인 루머의 사회심리학에 대한 명철한 이해가 필수적이라는 교훈을 얻게 되었기 때문이다. 결국 캐스 선스타인의 문제의식은 바로 동 시대 한국인의 문제의식과 직접 교통交通한다. '2008 촛불' 의 폭풍을 추동한 루머의 정체에 대해 궁금한 이들은 '루머' 를 읽을 일이다.